AF502229

P*** (D.) 1869 - Février - 22

CATALOGUE
DE LIVRES

LATINS, FRANÇAIS ET ITALIENS

SCIENCES, LITTÉRATURE ET HISTOIRE

PROVENANT DE LA

BIBLIOTHÈQUE DE M. D. P***.

DONT LA VENTE AURA LIEU

Le lundi 22 février 1869 et les 3 jours suivants,
à sept heures du soir

Rue des Bons-Enfants, 28, maison Silvestre

Par le ministère de Me Delbergue-Cormont, commissaire-priseur,
rue de Provence, n° 8.

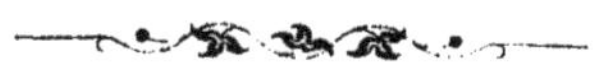

PARIS
ADOLPHE LABITTE, LIBRAIRE
QUAI MALAQUAIS, 5

1869

A LA MÊME LIBRAIRIE

SOUS PRESSE :

Catalogue des livres composant la bibliothèque de feu *M. Vaillant de Meixmoron;* divisé en trois parties :

1° Ouvrages de théologie, de jurisprudence, comprenant d'anciennes coutumes; livres de sciences, de beaux-arts; ouvrages de musique d'Orlande de Lassus et autres; belles-lettres; poëtes français, éditions originales, facéties.

2° Histoire de France, collection très-importante de pièces sur l'histoire de France depuis François Ier jusqu'à Louis XIII; noblesse. — Reliures aux armes d'Henry III, du cardinal de Retz, de Mme de Pompadour, etc., etc.

3° Bibliothèque bourguignonne et franc-comtoise, renfermant tous les ouvrages sur l'histoire de cette province, les ouvrages des auteurs qui y sont nés, la collection des ouvrages de Gabriel Peignot, etc., etc.

La vente aura lieu au mois d'avril 1869.

Dijon. Imp. J. MARCHAND, rue Bassano, 12.

ORDRE DES VACATIONS

PREMIÈRE VACATION. — *Lundi 22 février* 1869.

Théologie.	1 — 71
Belles-lettres.	219 — 291
Histoire.	566 — 622

DEUXIÈME VACATION. — *Mardi 23 février.*

Jurisprudence. Sciences et arts.	72 — 110
Belles-lettres.	292 — 380
Histoire	623 — 694

TROISIÈME VACATION. — *Mercredi 24 février.*

Sciences et arts	111 — 158
Belles-lettres.	381 — 474
Histoire	695 — 758

QUATRIÈME VACATION. — *Jeudi 25 février.*

Sciences et arts	159 — 218
Belles-lettres.	475 — 565
Histoire	759 — 812

CONDITIONS DE LA VENTE

Il y aura, *chaque jour de vente, de deux à quatre heures, exposition des livres composant la vacation du soir.*

Les livres vendus devront être collationnés sur place dans les vingt-quatre heures de l'adjudication. Passé ce délai, ou une fois sortis de la salle de vente, ils ne seront repris pour aucune cause.

Les acquéreurs paieront, en sus du prix d'adjudication, cinq centimes par franc, applicables aux frais.

CATALOGUE

DES LIVRES

DE LA

BIBLIOTHÈQUE DE M. D. P***.

THÉOLOGIE

1. Biblia, breves in eadem annotationes, ex doctiss. interpretationibus, et Hebræorum commentariis. *Parisiis, ex officina Roberti Stephani*, 1534, in-8° à 2 col. v. f. fil.

2. Biblia sacra vulgatæ editionis Sixti V et Clem. VIII, pontif. auctoritate recognita. *Venetiis, apud Nic. Pezzana*, 1754, gr. in-4°, frontisp., fig. sur bois dans le texte, vél.

3. La Bible, qui est toute la Saincte Escriture du Vieil et du Nouveau Testament. *Genève, Math. Berjon*, 1605, in-8° à 2 col., v. m. fil. orn. sur les plats, fermoirs en cuivre. (*Taché.*)

   Traduction protestante de la Bible.

4. La Pastorale sacrée, ou paraphrase du Cantique des Cantiques, selon la lettre, par l'abbé Ch. Cotin. *Paris, Pierre Le Petit*, 1662, in-12, vél.

5. Novum Testamentum ex bibliotheca regia (gr.). *Lutetiæ, ex off. Roberti Stephani*, 1546, 2 vol. in-16, mar. n.

Jolie édition.

6. L'Histoire du Vieux et du Nouveau Testament, représentée avec des figures et explications édifiantes, tirées des SS. Pères, par le sieur de Royaumont (Nic. Fontaine). *Suivant la copie imprimée à Paris, chez Pierre Le Petit*, 1712, in-4°, fig. v. gr.

7. La Vie d'Adam, avec des réflexions, traduite de l'italien de Loredano (par le chevalier de Mailly). *Paris, Edme Couterot*, 1695, in-12, v. gr.

8. Historiæ Evangelicæ unitas, seu singularia vitæ Domini nostri Jesu Christi, eo ordine quo gesta fuerunt recensita, et ipsis quatuor Evangelistarum verbis contexta. Labore et industria D. Alani Copi. *Duaci, ex officina Balthazaris Belleri*, 1603, in-4°, vél.

9. Histoire critique du Vieux Testament, par le R. P. Richard Simon. *Rotterdam, Reinier Leers*, 1685, in-4°, bas. — Histoire critique du texte du Nouveau Testament, par le même. *Rotterdam*, 1689, in-4°, v. br.

10. Præadamitæ, sive exercitatio super versibus 12, 13 et 14 capitis quinti Epistolæ D. Pauli ad Romanos (auctore J. La Peyrère). *S. l. (Holl., Elzév.)*, 1655, pet. in-12, mar. v. fil. tr. dor. (*Rel. anc.*)

11. Traité de la situation du Paradis terrestre, par P. Daniel Huet. *Paris, Anisson*, 1691, in-12, front. et carte, v. gr.

12. Dissertation sur la situation du jardin d'Eden ou le Paradis terrestre, avec une carte, par M. Pasumot; rédigée sur ses manuscrits par M. C.-M. Grivaud. *Paris, Méquignon*, 1824, br. in-8°, cart.

13. Dissertations sur l'Arche de Noé, et sur l'Hemine et la livre de saint Benoist, par Jean Le Pelletier, de Rouen. *Rouen, Jean Besongne*, 1700, in-12, frontisp. et plan, v. br.

14. Missale ad usum ecclesiæ Sarisburiensis. In-fol. goth. nombr. fig. sur bois, cart.

Exemplaire incomplet des 41 premiers feuillets et de la fin.

Cette édition paraît être une de celles imprimées à Paris dans le commencement du XVIe siècle.

15. Apologie d'Athenagoras, philosophe athénien, pour la défense des chrétiens, tournée du grec de l'auteur et du latin de Gesnerus, avec les annotations de Suffridus Frisien, le tout de la version de Guy Gaussart Flamignon, prieur de saincte Foy à Coulommiers. *Paris, Calvarin*, 1574, in-8, cart. (*Mouillé.*)

16. S. Augustini de civitate Dei libri XXII, cum comment. Th. Valois et Nic. Triveth. *Moguntiæ, per Petrum Schoiffer, anno* M CCCC LXXIII, gr. in-fol. goth. à 2 col. rel. en bois, rec. de v. br.

Avec la marque de *P. Schoiffer:* édition rare. Exemplaire à grandes marges, mais taché d'humidité à la fin.

17. Divi Ambrosii episcopi Mediolanensis opera varia. *S. l. n. d.* (*Mediolani, Zarotus*, 1477.) in-4, vél.

18. Lactantii Firmiani de divinis institutionibus adversus gentes. *Venetiis, Joh. de Colonia et J. Math. de Gherretzem*, M CCCC LXXVIII, in-fol. vél.

Le premier feuillet, après la table, est entouré d'encadrements en or et en couleurs, très-bien exécutés.

19. J.-G. Arn. Oelrichs commentarii de scriptoribus ecclesiæ latinæ priorum VI sæculorum, curavit H. L. Heeren. *Lipsiæ*, 1791, in-8, vél.

20. Paulinus illustratus, sive appendix ad opera et res gestas sancti Paulini Nolensis episcopi, auctore Petro Francisco Chiffletio. *Divione, vid. Phil. Chavance*, 1662, in-4, v. fauve, filets, tr. dor. (*Aux armes du président de Ménars.*)

21. S. Bonaventura. Questiones super secundo sententiarum. *Venetiis, per Theod. de Reynsburch, et Reynaldum de Novimagio*, 1477, in fol. goth. à 2 col. v. br.

Manque le dernier feuillet.

22. Magn. Hrabani Mauri opera omnia... cura ant. de Henin ac studio et opera G. Colvenerii. *Coloniæ-Agripp.* 1627, 6 tom. en 3 vol. in-fol. rel. en peau de truie.

23. Raymundi Lulli opera. *Argentorati, Lazar. Zetzenerus*, 1651, in-8, vél.

Une légère piqûre de vers aux premiers feuillets et quelques taches d'humidité.

24. De corpore et sanguine Domini liber, Ratramno, ceû

Bertramo assertus; authore Jacobo Boileau. *Parisiis, Joan. Musier,* 1712, in-12, v. gr.

25. Traité du corps et du sang du Seigneur, composé en latin par Ratramne ou Bertram, traduit en françois. *Paris, Ve d'Edme Martin,* 1686, in-12, v. br.

26. Traité singulier pour prouver par la parole de Dieu la réelle présence du corps de J. C. dans l'Eucharistie par Jacques Doremet, vandomois. *Paris, Nic. Gilles,* 1596, in-12, vél.

27. Lud. Elies Dupin, Tractatus philosophico-theologicus de veritate. *Coloniæ Allobrogum,* 1737, in-12, v. f. (*Ex. de Soubise.*)

28. Traité théologique et philosophique de la vérité, par Elies Dupin. *Utrecht, Corn. Guil. Lefebvre,* 1731, in-12, v. f. (*Ex. de Soubise.*)

29. Instruction sur la religion, où l'on traite des sentiments qu'il faut avoir de Dieu, de Jésus-Christ, de l'Eglise catholique, et de la vertu, par Charles Gobinet. *Paris, Fr. Le Cointe,* 1687, in-12, réglé, mar. r. fil., tr. dor. (*Rel. anc.*)

30. La Confession coupée ou la Méthode facile pour se préparer aux confessions particulières et générales: de l'invention du R. P. Christophle Leuterbreuver. *Paris, Cl. de Hansy,* 1702, in-12, v. br.

31. Formulare instrumentorum ad usum curiæ romanæ. *S. l. n. d.* (*Spiræ, Petr. Drach.*). In-4 de 283 feuillets, rel. en mouton vert. (*Mouillures.*)

Livre rare imprimé vers 1474.

32. Operis hujus per celeberrimi per frater Johannem de Colonia; amplissimam doctoris Johannis Scoti : ut divinitus inspiratam doctrinam : super quattuor libris sententiarum methaphisice : de anima... etc. (*Venetiis*). *Impr. per Vindelinum de Spira* (circa 1473), in-4, à 2 col., vél.

33. Synopsis purioris theologiæ, disputationibus quinquaginta duabus, comprehensa, ac conscripta per Joh. Polyandrum, Andr. Rivetum, Ant. Walæum, Ant. Thysium. *Lugduni Batavorum, ex offic. Elzevir.,* 1625, un tome en 3 vol. pet. in-8, vél.

Interfolié de papier blanc, avec notes manuscrites de Albert Bannius. Exemplaire non rogné.

34. Johannis Nider Formicarius. *Coloniæ, Ulr. Zell,* vers 1470, in-fol. cart.

Bel exemplaire.

35. Joh. Mabillonii Dissertatio de pane eucharistico asymo ac fermentato. *Lutetiæ Parisiorum, Lud. Billaine,* 1674, in-8, v. br.

36. Guid. Monterocherii Manipulus curatorum. *Exaratus Rothomag. impressus per Joh. Le Bourgeois, commorans in vico magni pontis anno millesimo quadringentesimo nonagesimo quarto,* in-16, goth. mar. r. tr. dor.

La marque de *Jehan le Bourgeois* est sur le titre. Quelques piqûres raccommodées.

37. Les Provinciales ou les lettres écrites par Louis de Montalte à un de ses amis et aux RR. PP. Jésuites, par Bl. Pascal. *Cologne, Nicolas Schoute,* 1685, pet. in-12, vél.

38. Les Imaginaires et les Visionnaires, ou lettres sur l'hérésie imaginaire, par le s[r] de Damvilliers. (*P. Nicolle.*) *Liége, Ad. Beyers* (*Holl., Elzév.*), 1667, 2 vol. in-12, v. br.

39. Traitez singuliers et nouveaux contre le paganisme du Roi-Boit, par Jean Deslyons, doyen de l'église cath. de Senlis. *Paris, veuve Savreux,* 1670, in-12, dem. rel. mar. or.

40. Homélies (xxxvi) sur différents sujets, par le curé de St-Sulpice de Paris. *Paris, R. Maizières,* 1707-1710, 3 vol. in-4, v. fauve, tr. dor.

Les XXXVI homélies sont toutes imprimées séparément et chacune avec un titre particulier.

41. L'Imitation de Jésus-Christ, traduite et paraphrasée en vers françois, par P. Corneille. *Imprimé à Rouen par L. Maurry, pour Rob. Ballard,* 1658, in-4, frontisp. et fig. de Chauveau, v. br.

42. I quattro libri di Gio. Gerson, della Imitatione di Christo, del dispregio del mondo, e delle sue vanita, tradotti per il R. P. Remigio Fiorentino. *In Vinegia, appresso Giolito de' Ferrari,* 1563, in-4, fig. sur bois. bas.

43. L'Introduction à la Vie dévote de saint François de Sales. *Paris, Simon Bernard,* 1696, in-12, v. gr.

44. Méditations sur la Passion de N. S. Jésus-Christ, par Pierre Coton. *Paris, Eust. Foucault*, 1614, in-8, fig. ajoutées, dont plusieurs sur bois, v. br. fermoir.

45. Les Mœurs et Entretiens du frère Laurent de la Résurrection, avec la pratique de l'exercice et de la présence de Dieu, tirés de ses lettres. *Chaalons, J. Seneuze*, 1694. — Histoire du prince Apprius, etc... Traduction françoise par messire Esprit (Beauchamp.) *Constantinople*, 1728, in-12, v. br.

46. Manuel de piété, contenant des maximes et des prières pour l'accomplissement des principaux devoirs du christianisme. *Paris, François Babuty*, 1727, mar. olive, fil. tr. dor. (*Rel. anc.*)

47. Occasio arrepta, neglecta, hujus commoda, illius incommoda, auctore R. P. Joanne David. — Occasio drama, P. Joannis David. *Antuerpiæ, ex officina Plantiniana*, 1605, in-4, titre grav. et fig. de Theod. Galle, rel. en vél. bl., compart., dos orné, tr. dor.

48. Discours parénétiques sur la pensée sainte et salutaire de prier pour les morts, par P. Allemand. *Alby, J. et G. Pech*, 1694, in-8, bas.

49. Voyage de deux sœurs, Colombelle et Volontairette, vers leur Bien-Aimé en la cité de Jérusalem, par Boëce de Bolswert. *Liége, Broncart*, 1734, in-8, front. et nombr. fig. br. non rog.

50. Le Voyage du chrétien vers l'éternité, par Jean Bunyan, traduit de l'anglois. *Rotterdam, And. Losel*, 1764, pet. in-8, fig. de Fokke, br.

51. Leçons catholiques sur les doctrines de l'Eglise par F.-Fr. Panigarole, traduictes d'italien, par G. C. T. (Gab. Chapuys, Tourangeau.) *Rouen, R. L'Allemant*, 1587, in-12, vélin.

52. La Vérité de la religion chrétienne, traduit du latin de Grotius (par Mézeray). *Paris, de l'imprimerie des nouveaux caractères de Pierre Moreau*, 1644, in-8, vél. (*Quelques feuillets remmargés.*)

53. Alciphron ou le petit Philosophe, en sept dialogues, contenant une apologie de la religion chrétienne contre ceux qu'on nomme esprits-forts, trad. de l'anglais de Berkeley (par de Joncourt). *La Haye, Gosse et Neaulme*, 1734, 2 vol. 12, v. m. fil.

54. La Friponnerie laïque des prétendus esprits-forts d'Angleterre, ou Remarques de Phileleuterre de Leipsick (Armand de la Chapelle) sur la liberté de penser, traduites de l'anglois, *Amsterdam, J. Wetstein,* 1738, 2 part. en un vol. in-12, br.

55. La Laïs philosophe, ou Mémoires de madame D.... et ses discours à M. de Voltaire, sur son impiété. *Bouillon, Pierre Limier,* 1760, in-2, frontisp. br. non rog.

56. Evangelium medici ; seu medicina mystica, de suspensis naturæ legibus, sive de miraculis, a Bernardo Connor, M. D. *Amstelædami, apud Joan. Wolters,* 1699, in-8, cart.

57. Histoire du Diable, traduite de l'anglois (de Daniel de Foë). *Amsterdam*, 1729, 2 vol. in-12, frontisp. br. non rog.

58. Du Dernier Jugement et de la Babylone détruite, qui fait voir que généralement tout ce qui a été prédit en l'Apocalypse est aujourd'hui parfaitement accompli, le tout rendu du latin en françois d'après ce qu'en a ouï et vu Emmanuel Swedenborg. *Londres*, 1687. — Continuation du dernier jugement d'après ce qu'en a ouï et vu Emmanuel Swedenborg. *Londres,* 1787, 2 vol. in-8, br.

59. Julii Cesaris Vanini, de admirandus naturæ reginæ deæque mortalium Arcanis. *Lutetiæ, Adrian Perier*, 1616, in-8, vél. (*Mouillé et piqué des vers.*)

60. Tractatus theologico-politicus, auct. Spinosa. *Hamburgi, apud Henricum Künrath*, 1670, in-4, v. m. (*Léger raccommodage au titre.*)

61. Traité des trois imposteurs. *S. l. n. d.* in-8, br.

Manque le titre.

62. Les Princesses malabares, ou le Célibat philosophique, par Pierre dé Longue. *Andrinople, Th. Franco,* 1734, in-12, br. non rog.

63. Religio Medici (auctore Brown.) *Lugd. Bat., Fr. Hackius,* 1644, pet. in-12, vélin.

Sur le feuillet de garde les signatures de P. Patin et de L. Gallois.

64. Opinions des anciens sur les Juifs, par feu M. de Mirabaud. *Londres,* 1769, in-12, dem.-rel.

65. Lettres philosophiques sur l'origine des préjugés, du dogme de l'immortalité de l'âme, de l'idolâtrie et de la superstition ; sur le système de Spinosa et sur l'origine du mouvement dans la matière, traduites de l'anglois de J. Toland. *Londres,* 1768, in-12, br.

66. Le Militaire philosophe, ou difficultés sur la religion proposées au R. P. Malebranche; par un ancien officier, publié par Naigeon. *Londres,* 1768, pet. in-8, br.

67. Les Abus dans les cérémonies et dans les mœurs, développés par M. L... (l'abbé du Laurens). *Paris,* 1788. — Second voyage de Jacques le Fataliste et son maître, de Diderot. *Versailles, Locard,* an XII (1803), en 1 vol. in-12, dem.-rel. bas.

68. Histoire critique de Jésus-Christ, ou analyse raisonnée des Evangiles (par le baron d'Holbach). *S. l. n. d.,* 2 vol. in-12, v. rac.

69. L'Alcoran de Mahomet, traduit d'arabe en françois par le sieur Du Ryer. *La Haye, Adr. Moetjens,* 1683, pet. in-12, frontisp. vél.

70. SSufismus, sive Theosophia Persarum pantheistica; quam e manuscriptis Bibliothecæ regiæ Berolinensis persicis, arabicis, turcis, eruit atque illustravit Frid. Aug. Deofidus Tholuck. *Berolini,* 1821, in-8, cart.

71. Le Chou-King, un des livres sacrés des Chinois. Ouvrage recueilli par Confucius, traduit et enrichi de notes, par le P. Gaubil, revu par M. de Guignes. *Paris. Tilliard,* 1770, in-4, pl. dem.-rel. bas.

JURISPRUDENCE

72. Essai sur l'histoire des institutions des principaux peuples, par Tailliar. — Etude sur les anciennes théocraties. *Douai,* 1843, gr. in-8, br.

73. Maximes du Droit public françois (par l'abbé Mey). *En France*, 1771, 2 vol. in-12, v. f. (*Ex. de Soubise.*)

74. Corpus juris civilis, cum notis Dion Gothofredi, opera et studio S. van Leleuwen. *Amstelod, Lud. et D. Elzevirios*, 1663, 2 part. en 1 vol. in-fol. vélin.

75. Arnoldi Vinii in quatuor libros Institutionum commentarius academicus et forensis. *Amstelodami, apud Danielem Elzevirium*, 1665, in-4, vél. fil. coins ornés. (*Avec armes sur les plats.*)

76. Consuetudines infra scriptarum civitatum, et provinciarum Galliæ : Bituricensis, Aurelianensis, Turonensis. N. Boerii, J. Sainsonii, etc., commentariis illustratæ. *Francofurti, ex officina Nic. Bassæi*, 1598, in-fol. v. br. (*Une légère mouillure.*)

77. Rerum quotidianarum libri tres, auctore Radulpho Fornerio, Gul. F. antecessore Aurelio. *Parisiis, Ambr. Drouart*, 1600, in-8, vél.

78. Annæi Roberti Aurelii rerum judicatarum libri IIII. (*Genevæ*), *Hæredes E. Vignon*, 1604, in-8, parch.

Signature de Picardet sur le titre.

79. Indice des droits royaux et seigneuriaux des plus notables dictions, termes et phrases de l'Etat, de la justice, des finances et pratique de France, par Fr. Ragueneau. *Lyon, S. Rigaud*, 1620, in-8, v. br.

80. Théorie des matières féodales et censuelles, par Hervé. *Paris*, 1785, 8 vol. in-12, dem.-rel. (*Rare.*)

Avec la signature d'Hervé.

81. Traité de la police, où l'on trouvera l'histoire de son établissement, etc., par Delamare. *Paris*, 1705-38, 4 v. in-fol. v. f.

Avec les neuf plans de Paris et un supplément de soixante-douze pages au tome Ier. Le tome IV est mouillé.

82. Les Prérogatives de la robe, par M. de F... (François Bertrand, seigneur de Freauville). *Paris, Jacques Lefebvre*, 1701, in-12, v. br.

83. Essai sur la profession de procureur (par Louis Groustel). *S. l.* 1749, in-8, bas.

84. Histoire tragique, et Arrests de la cour de Parlement

de Tholose, contre Pierre Arrias Burdeus, religieux augustin, maistre François Gairaud, conseiller au seneschal de Tholose, damoiselle Violante de Bats du Chasteau et autres, par Guillaume de Segla. *Paris, Nic. La Caille,* 1613, in-8, bas. fil.

85. Discours des parties et office d'un bon et entier juge, par Jean de Coras (des douze reigles pour s'acheminer à la vertu, par Pic de la Mirandole, trad. par J. de Coras). *Lyon, Barthél. Vincent,* 1618. — Arrest mémorable du Parlement de Tolose, contenant une histoire prodigieuse d'un supposé mary, enrichi de cent et onze belles annotations, par J. de Coras. *Lyon,* 1618. — Paraphrase sur l'edict des mariages clandestinement contractez par les enfants de famille, par J. de Coras. *Lyon,* 1618, in-8, vél. (*Mouillé.*)

86. Œuvres posthumes de Louis d'Héricourt contenant ses consultations, et mémoires sur les questions de droit civil et canonique. *Paris,* 1759, 4 vol. in-4, v. f. (*Ex. de Soubise.*)

87. Mémoire de M. O. Z. van Haren, concernant la cause célèbre entre lui et messieurs et mesdames de Hogendorp et Zandyk, ses beaux-fils et ses filles, au sujet de l'attentat d'inceste dont ils l'ont accusé. *Leeuwarde,* 1762, pet. in-8, br. non rog.

88. Examen de la procédure criminelle instruite à Saint-Leu sur les causes de la mort du duc de Bourbon. *Paris,* 1832, fig. — Trois ans au palais Bourbon par le général Lambot. *Paris, Dentu,* 1831, in-8, v. vert, fil.

89. Etat du pouvoir municipal et de ses variations, depuis la Restauration jusqu'au 28 février 1828, par M. Cronier. *Paris, Delaforest,* 1829, in-8, br.

90. Gazette des tribunaux du 1er novembre 1826 (2e année) au 30 septembre 1834, ensemble 13 vol. in-fol. cart.

Ces années sont devenues rares.

91. Anciennes lois des François conservées dans les coutumes angloises, recueillies par Littleton, avec des observations, par David Hoüard. *Rouen, Richard Lallemant,* 1766, 2 vol. in-4, cart. non rog.

92. Traictez des droicts et libertez de l'Eglise gallicane. (par : J. Capel, N. Brulart, J. du Tillet, Cl. Gousté, Cl. Fauchet, P. Pithou, Ant. Hotman, etc.). *Paris, Pierre Chevallier,* 1612, in-4, vél.

SCIENCES & ARTS

SCIENCES

PHILOSOPHIQUES, MORALES ET POLITIQUES

Philosophie.

93. La prima parte della somma di tutte le scienze, nella quale si tratta delle sette arti liberali; di Aurelio Marinati. *In Roma, appresso Barthol. Bonfadino*, 1587, in-4, réglé, port. et fig. sur bois, vél.

94. M. Tullii Ciceronis de Officiis libri tres. *Lugd. Batavorum, ex officinâ Elseviriana*, 1642, pet. in-12, vél.

95. L. Annaei Senecæ philosophi opera omnia et M. A. Senecæ rhetoris quæ exstant. *Lugd. Batav. apud Elzevirios*, 1640, 3 vol. pet. in-12, titre grav. vél.

96. Joh. Fred. Gronovii ad L. et M. Annæos Senecas notæ. *Lugduni Batav., ex officina Elseviriana*, 1649, pet. in-12, v. m. fil.

97. Marsilii Ficini liber de vita in tres libros divisus, primus de vita sana, secundus de vita longa, tertius de vita cœlitus. *Florentiæ, Ant. Mischominus*, 1489, pet. in-fol. cart. (*Rare.*)

98. Les Discours philosophiques de Pierre de Lostal, sieur d'Estrem (d'Orthès), esquels est amplement traitté de l'essence de l'âme et de la vertu morale. Au roy de Navarre. *Paris, Jacques du Puys*, 1579, in-8, v. f. fil. orn. sur les plats. (*Rare.*)

99. Examen des esprits propres et naiz aux sciences (traduit de l'espagnol de Huarte) par Gab. Chapuis. *Rouen, Théod. Reinsart*, 1602, pet. in-12, v. f.

100. Dialogues de la philosophie phantastique de trois

en un corps et mesmement des lettres, des armes et de l'honneur, mis d'espagnol en françois (par Gab. Chapuys, de Tours). ***Paris,*** *Sib. Molin*, 1587, in-12, vél. vert.

Exemplaire de Méon, avec une note de l'abbé Sepher sur la garde.

101. Fr. Baconis de Verulamio Sylva sylvarum, sive historia naturalis et novus atlas. *Lugd. Batav. apud Fr. Hackium*, 1648, pet. in-12, titre grav., vél. — Fr. Baconis de dignitate et augmentis scientiarum libr. IX. *Lugd. Batav.*, 1652, pet. in-12, vél.

102. L'Idée de la philosophie, avec les protestations des sentiments de l'autheur, par messire François de Meulles, sieur de la Forest Montpensier. *Angers, Jean Le Boullenger*, 1661, in-12, portrait et une fig. v. m. (*Mouillé.*)

103. La Logique ou l'art de penser (par Arnauld, Lancelot et Nicole). *Paris, J. Guignart*, 1662, in-8, v. br.

Première édition.

104. Examen du Pyrrhonisme ancien et moderne, par de Crousaz. *La Haye*, 1733, in-fol. gr. pap. v. f. (*Ex. de Soubise.*)

105. Histoire naturelle de l'âme, traduite de l'anglois de M. Charp, par feu M. H... (Hunault), (composée par La Mettrie). *La Haye, J. Neaulme*, 1745, in-12, v. f. fil.

106. Essai sur les erreurs et les superstitions par L. C... (Castilhon). *Amsterdam*, 1765, in-12, v. f. (*Ex. de Soubise.*)

107. De la Philosophie du bonheur, ouvrage recueilli et publié par l'auteur de la Philosophie de la nature (Delisle de Sales). *Londres*, 1803, 3 vol. in-8, gr. pap. vél. cart. non rog.

108. L'Ecole éclectique et l'école française, par M. Saphary. *Paris, Joubert*, 1844, in-8, br.

109. Trésor de vertu où sont contenues les plus nobles et excellentes sentences et enseignements de tous les premiers auteurs hébreux, grecs et latins, en françois et en italien. *A Lyon, Jean Temporal*, 1555, in-16, cart.

110. Académie françoise, en laquelle est traité de l'institution des mœurs, et de ce qui concerne le bien et heureusement vivre en tous Estats et conditions, par Pierre de la Primaudaye. *S. l.* (*Genève.*) *Pour Jacques Chouët*, 1593, in-8, cart.

Morale, Economie.

111. De la Sagesse; trois livres, par Pierre Charron. *Leide, Jean Elsevier*, 1656, pet. in-12, titre grav., vél.

112. De la Sagesse, trois livres, par Pierre Charron, édition conforme à celle de Bourdeaus, 1601. *Paris, Didot l'aîné, et Barrois*, 1789, 2 vol. in-12, demi-rel. v. ant. non rog.

113. La Doctrine des mœurs, qui représente en cent tableaux la différence des passions et enseigne la manière de parvenir à la sagesse universelle, par de Gomberville. *Paris, A. Soubron*, 1683, in-12, fig. cart. non rog.

114. De l'Usage des passions, par le R. P. Fr. Senault. *Paris, veuve Camusat*, 1645, in-4, v. f. fil.

115. Les Characteres des passions, par le sieur de La Chambre. *Amsterdam, Antoine Michel* (*Elzév.*), 1658, pet. in-12, titre grav. 5 tomes en 3 vol. vél.

116. L'Art de connaître les hommes, par le sieur de La Chambre. *Amsterdam, Jacques Le Jeune* (*Elzév.*), 1660; pet. in-12, titre grav., v. br.

117. Les Caractères de Théophraste, traduits du grec, avec les Caractères ou les mœurs de ce siècle (par La Bruyère). *Lyon, Th. Amaulry*, 1688, in-12, v. br.

Copie de la première édition.

118. La Morale universelle, ou les devoirs de l'homme fondés sur sa nature (par le baron d'Holbach). *Amsterdam, M. M. Rey*, 1776, 3 vol. in-8, br.

119. L'Homme universel de Baltazar Gracian, traduit de l'espagnol, par le P. de Courbeville. *Rotterdam, J. Hofhout*, 1729, in-12, br. — L'Homme détrompé, ou le Criticon de Baltazar Gracian, traduit de l'espagnol (par Maunory). *La Haye, J. Van Duren*, 1734, 3 vol.

in-12, fig. br. — Le Héros de Baltazar Gracian, traduit de l'espagnol, avec des remarques, par le P. de Courbeville. *Rotterdam, Hofhout*, 1729, in-12, br.

120. Thelyphtora, or, a treatise on female ruin, in its causes, effects, consequences, prevention, and remedy: considered on the basis of the divine Law. *London, Dodsley*, 1781, 3 vol. in-8, v. f.

121. Galateo espanol. Su autor Lucas Gracian Danstico. Anadido el Destierro de ignorancia y la Vida del Lazarillo de Tormes castigado. *Barcelona, Juan Francisco Piferrer*, 1796, pet. in-8, demi-rel. v. f.

122. Le Galatee, traicté trés-utile pour bien dresser une jeunesse en toutes manieres et facons de faire louables, bien receues et approuvees. (En quatre langues.) Premièrement composé en italien, par J. de la Case. (*Lyon*), *par Jean de Tournes*, 1598, in-16, demi-rel. v. f.

123. Suite de la Civilité françoise ou traite du point d'honneur et des regles pour converser et se conduire sagement avec les incivils et les fâcheux (par de Courtin). *Paris, Josset*, 1680, in-12, bas.

124. La Science du monde, ou la sagesse civile de Cardan. *Paris, André Soubron*, 1650, in-4, v. br. fil.

Politique.

125. Les six livres de la République de J. Bodin, Angevin. *Lyon, Jacq. Dupuys*, 1580, in-fol. v. m.

126. Le Corps politique, ou les éléments de la loy morale et civile, par Thomas Hobbes. *Leide, Jean et Daniel Elsevier*, 1653, pet. in-12, bas.

127. De optimo reipublicæ Statu de quo nova insula Utopia libri duo, auctore Th. Moro. *Londini et Parisiis. Barbou*, 1777, in-12, v. fauve, fil. tr. dor.

128. Idee d'une république heureuse ou l'Utopie de Thomas Morus, traduite en françois par Gueudeville. *Amsterdam, Fr. L'Honoré*, 1730, in-12, frontisp. et fig., cart. non rog.

129. Discours sur les moyens de bien gouverner et maintenir en bonne paix un royaume ou autre principauté

contre Nicolas Machiavel (par Innocent Gentillet). *S. l.*, 1579, in-16, vél.

130. La Fortune des gens de qualité et des gentilshommes particuliers, enseignant l'art de vivre à la cour, par de Caillière. *Paris, Etienne Loyson*, 1662, in-12, bas. (*Mouillé.*)

131. Le Ministre d'Estat, avec le veritable usage de la politique moderne, par le sieur de Sillon. *Leyde, Jacob Marci*, 1643, pet. in-12, titre grav., vél.

132. Le Conseiller d'Estat, ou recueil des plus générales considérations servant au maniement des affaires publiques (par Phil. de Béthune). *Suivant la copie imprimée à Paris* (*Holl., Elzev.*), 1645, pet. in-12, vél.

133. De la Charge des gouverneurs de place par Antoine De Ville. *Amsterdam, Abr. Wolfgang*, 1674, in-12, bas.

Physique.

134. La Physique, ou science des choses naturelles, par Scipion Dupleix, assesseur au siége de Condom. *Paris, Laurent Sonnius*, 1611, in-8, vél.

135. Traité de Physique, par Jaques Rohault. *Amsterdam, Jaques Le Jeune* (*Elzev.*), 1672, 2 vol. pet. in-12, fig. bas.

136. Traitez de l'equilibre des liqueurs et de la pesanteur de la masse de l'air, par Pascal. *Paris, G. Desprez*, 1663, in-12, fig. v. br.

Edition originale.

137. Henrici Kornmani ex Kirchajna, de miraculus mortuorum.. (*Parisiis*), *typis Joan. Wolffii*, 1610, in-8, v. m. (*Forte piqûre de vers dans la marge.*)

138. Traitté de l'aiman, par M. D... (Dalencé.) *Amsterdam, Henry Wetstein*, 1687, in-12, frontisp. et fig. v. br. — Traitez des baromètres, thermomètres et notiomètres ou hygromètres (par le même). *Amsterd., H. Wetstein*, 1688, in-12, fig., v. br.

139. Dissertation sur la glace, ou Explication physique de la formation de la glace et de ses divers phénomènes, par Dortous de Mairan. *Paris, imp. royale*, 1749, in-12, frontisp. et fig. v. m.

HISTOIRE NATURELLE

Agriculture.

140. C. Plinii secundi Historia naturalis. *Tarvizii, impensis Mich. Manzoli, Parmensis*, 1479, in-fol., sign. Aii à N, bas.

141. C. Plinii secundi Historiæ naturalis libri XXXVII. *Lugd. Batavorum, ex officina Elzeviriana*, 1635, 3 vol. pet. in-12, vél.

142. De l'Origine des fontaines (par Pierre Perrault). *Paris, d'Houry*, 1678, in-12, v. br.

143. Georgii Agricolæ de Re metallica libri XII, ejusdem de animantibus subterraneis liber, ab auctore recognitus. *Basileæ, apud Hieron. Frobenium*, 1556, in-fol. demi-rel. mar. r.

Nombreuses et belles figures sur bois.

144. Gemmarum et lapidum Historia, quam olim edidit Anselmus Boetius de Boot; postea Adrianus Tollius recensuit. Cur accedunt Joan. de Laet. de gemmis et lapidibus libri II, et Theophrasti liber de lapidibus, gr. et lat. cum brevibus notis. *Lugduni Batav., Joan. Maire*, 1647, in-8, fig. vél.

145. Le parfaict Joaillier, ou Histoire des pierreries, composé par Anselme Boece de Boot. *Lyon, J.-Ant. Huguetan*, 1644, in-8, fig., vél.

146. Histoire admirable des plantes et herbes esmerveillables et miraculeuses en nature: mesme d'aucunes qui sont vrays zoophytes ou plant'-animales, plantes et animaux tout ensemble, avec leurs portraicts au naturel, par Claude Duret, Bourbonnois. *Paris, Nic. Buon*, 1605, in-8, fig. vél.

147. Cl. Salmasii de manna et saccharo Commentarius. *Parisiis, C. du Mesnil,* 1663, in-8, vél.

Avec la signature du bibliographe Philibert Papillon, de Dijon, et une note de sa main.

148. Observations sur les plantes et leur analogie avec les insectes, précédées de deux discours, l'un sur l'accroissement du corps humain, l'autre sur la cause pour laquelle les bestes nagent naturellement, etc. (par Bazin). *Strasbourg, Renaud,* 1741, in-8, gr. pap. mar. r. large dent., tr. dor. (*Rel. anc.*)

149. Le Floriste françois, traittant de l'origine des tulipes, etc., par le sieur de la Chesnée Monstereul. *Caen, Eleazar Mangeant,* 1654, in-8, vél.

150. Description of some curious and uncommon creatures, omitted in the description of three hundred animals... in which is included the natural history of those great curiosities, the Chimpanzee male and female... etc., etc. 1739, in-12, 20 fig. v. f.

151. Lettres d'Eugène à Clarice au sujet des animaux appelés Polypes que l'on fait multiplier et produire leurs semblables en les coupant par morceaux. *Strasbourg, Fr. Leroux,* 1745, in-12, fig. mar. r. dent. tr. dor.

152. Curiositez de la nature et de l'art (par l'abbé de Vallemont). *S. l. n. d.* (*Paris,* 1705), in-12, titre grav. et fig. v. m.

153. Julii Obsequenti prodigiorum liber. Polydori Vergilii de prodigiis libri III. Joachimi Camerarii de Ostentis libri III. *Basileæ, ex officina Joannis Oporini,* 1552, in-8, figures sur bois, mar. r. fil. plats ornés, tr. dor. (*Mouillé.*)

154. Libri de Re rustica. M. Catonis lib. I; M. Varronis lib. III; Columellæ lib. XII; Palladii lib. XIIII. *Venetiis, in ædibus Aldi,* 1533, in-4, vél.

155. Cassii Dionysii Uticensis de Agricultura libri XX. *Lugduni, apud Vincentium,* 1543, in-8, vél.

Exemplaire couvert de notes philolophiques du savant Lohier.

156. De agrorum conditionibus et constitutionibus limi-

tum. Siculi Flacci lib I; J. Frontini lib. I; Aggeni Voici lib. II; Hygeni Gromatici lib. II, etc. (éd. P. Galland). *Parisiis, apud Turnebum*, 1554, in-4, fig. v. n. fil.

157. Giardino di agricoltura di Marco Bussato da Ravena. *In Venetia*, 1692, in-4, fig. sur bois, parch.

158. Secrets pour teindre la fleur d'immortelle en diverses couleurs, avec la manière de la cultiver... par F. L. D. T. R. *Paris, Ch. de Sercy*, 1690, pet. in-12, v. br.

SCIENCES MATHÉMATIQUES

Arithmétique, Géométrie, Astronomie, Ponts et chaussées.

159. Le premier livre (second, troisième, quatrième, cinquième et sixième) des éléments d'Euclide, traduict et commenté par Pierre Forcadel de Bezies. *Paris, Hierosme de Marnef*, 1564, in-4, vél.

Rare. Bel exemplaire.

160. Le Pratiche delle due prime matematiche di Pietro de Catani da Siena. Libro d'abaco e geometria. *In Venetia*, 1546, in-4, vél. (*Quelques taches d'encre.*)

161. Opere del famosissimo Nicolo Tartaglia, cioè quesiti, travagliata, inventione, nuova scienza, ragionamenti sopra Archimede... *In Venetia*, 1606, in-4, port. et fig. dem.-rel. vél.

162. Récréations mathématiques, composées de plusieurs problèmes plaisans et facétieux d'arithmétique, géométrie, astrologie... et d'autres rares et curieux secrets. *Roüen, Ch. Osmont*, 1630, 2 part. en 1 vol. in-8, fig. vél.

163. Aritmetica pratica del dottore Giulio Bassi, corretta da Gioseffo Porcelli. *Piacenza, Nicolo Orcesi*, 1765, 2 tom. en 1 vol. in-4, fig. cart., non rog.

164. Problèmes plaisans et delectables, qui se font par les nombres, avec leur demonstration, par Claude Gaspar Bachet, s[r] de Meziriac. *Lyon, Pierre Rigaud*, 1612, in-8, v. br. (*Titre doublé.*)

Première édition.

165. Problemes plaisans et delectables, qui se font par les nombres, avec leur démonstration, par Bachet, sieur de Meziriac. *Lyon*, ***Pierre*** *Rigaud*, 1614. in-8., v. br. (*Mouillé*.)

166. Discorsi e dimostrazioni matematiche intorno a due nuove scienze attenenti alla mecanica et ai movimenti locali, del signor Galileo Galilei. *In Leida, appresso gli Elsevirii*, 1638. — Tractatus de proportionum instrumento, quod merito compendium universæ geometriæ dixeris, autore Galilæo Galilæi. *Argentorati*, 1635. — Nov. antiqua sanctiss. Patrum, et probatorum theologorum doctrina, de Sacræ Scripturæ testimoniis, in conclusionibus mere naturalibus... a Galilæo Galilæi. *Elzev.*, 1636, 1 vol. in-4, fig. vél.

167. Quattro libri geometrici di Silvio belli Vicentino. *In Venetia, presso Ruberto Megietti*, 1595, in-4, fig. sur bois, cart. dos de toile. (*Mouillé*.)

168. Les Principes d'astronomie et cosmographie, avec l'usage du Globe, le tout composé en latin par Gemma Frizon, et mis en françois par Claude de Boissière, Daulphinois. ***Paris***, *Hier. de Marnef*, 1582, in-8, fig. mar. r. fil. (*Rel. anc. — Mouillé*.)

169. Traité des instruments astronomiques des Arabes, composé au treizième siècle par Aboul Hhassan Ali, de Maroc, traduit de l'arabe par J. J. Sédillot. ***Paris***, *Imp. royale*, 1834, 2 vol. in-4, 38 pl. cart. non rog.

170. Traitté d'horlogiographie, contenant plusieurs manières de construire, sur toutes surfaces, toutes sortes de lignes horaires, et autres cercles de la sphère, par Dom Pierre de Sainte-Marie-Magdeleine d'Abbeville. ***Paris***, *Nic. l'Anglois*, 1657, in-8, frontisp. et fig. vél.

171. Cœlestis physiognomoniæ libri sex Joan. Bapt. Portæ. *Neapoli*, *B. Subtilis*, 1603, pet. in-fol. fig. demi-rel. v. n.

172. Dialogo di Galileo Galilei sopra i due massimi sistemi del mondo Tolemaico e Copernicano. *In Fiorenza, per Gio. Batt. Landini*, 1632, in-4, frontisp. gr. par St. della Bella, remonté, vél.

Edition rare, qui a été supprimée en partie.

173. Il Saggiatore dal sign. Galileo Galilei. *In Roma, appresso Giacomo Mascardi*, 1623, in-4, port., vél. (*Quelques racommodages.*)

174. Istoria e dimostrazioni intorno alle macchie solari e loro accidenti, comprese in tre lettere scritte dal signor Galileo Galilei. *In Roma, appresso Giacomo Mascardi*, 1613, in-4, portr. et pl. vél.

175. Joannis Taisnier Hannonii de Usu annuli spherici libri tres in quibus quicquid ad geometriæ perfectionem requiritur continetur. *Panhormi, apud Sanctum Dominicum*, 1550, fig. sur bois. — Gemmæ Frisii de Radio astronomico et geometrico liber. *Antuerpiæ, apud Greg. Bontium*, 1545, 1 vol. in-4, fig. vél.

176. Trattato nuovo delle comete di Antonio Santucci. *In Firenze, appresso i Guinti*, 1619, in-4, pl., vél.

177. Histoire et explication du calendrier des Hébreux, des Romains et des François (par Le Coq-Magdeleine). *Paris, Simon*, 1727, in-12, v. f.

178. Annuaire du bureau des longitudes. *Paris*, 1798 à 1858, 60 vol. in-18, br.

179. Rote perpetue per lequali si puo con qual numero di due dadi si voglia, overo con due dadi secundo l'horologio d'Italia, ritrovar quando si fà la luna; le feste mobile, ecc. di M. Gir. Cataneo. *In Brescia, Marchetti, all'insegna dell' Ancora*, 1562, pet. in-fol. demi-rel.

180. Willebrordi Snellii a Royen, R. F. Tiphys Batavus, sive histiodromice, de navium cursibus et renavali. *Lugduni Batav., ex officina Elzeviriana*, 1624, in-4, demi-rel. mar. v.

Exemplaire non rogné.

181. Sex. Julii Frontini de aquæ ductibus urbis Romæ commentarius, antiquæ fidei restitutus, atque explicatus, opera et studio Joannis Poleni. *Patavii, apud Joan. Manfrè*, 1722, in-4, fig. vél.

182. Description des projets et de la construction des ponts de Neuilly, de Mantes, d'Orléans et autres, du projet du canal de Bourgogne pour la communication des deux mers par Dijon, etc., par Perronet. *Paris*, 1782, 2 vol. in-fol., 67 pl., cart.

Très-bel ouvrage.

183. Mémoire pour servir d'introduction au devis général des ouvrages à exécuter pour la distribution des eaux du canal de l'Ourcq dans l'intérieur de Paris, par M. P. S. Girard. *Paris, Impr. impériale*, 1812, in-4, plans, v. f., fil., dos orné.

Ce mémoire n'a pas été mis dans le commerce, ainsi que le constate une lettre autographe du comte Molé à M. Walckenaer, jointe à cet exemplaire.

183 *bis*. L'Uso della squadra mobile, da Ottavio Fabri. *In Venetia, appresso Francesco Barilleti*, 1598, in-4, tit. grav. et fig. cart.

SCIENCES OCCULTES

Magie, Démonomanie, Divination, Alchimie.

184. Disquisitionum magicarum libri sex, auctore Martino del Rio. *Coloniæ Agrippinæ, Sumpt. Petri Henningii*, 1657, in-4, titre grav., bas. (*Nombreuses taches d'humidité.*)

185. La véritable Magie noire, ou le Secret des secrets, manuscrit trouvé à Jérusalem dans le sépulcre de Salomon, traduit de l'hébreux, du mage Iroé-Grego. *Rome*, 1750, in-18, fig., br. non rog.

186. Recueil de dissertations anciennes et nouvelles, sur les apparitions, les visions et les songes, avec une préface historique et un catalogue des auteurs qui ont écrit sur les esprits... etc., par l'abbé Lenglet Dufresnoy. *Avignon et Paris, J. N. Leloup*, 1752, 4 part. en 2 vol. in-12, bas.

187. L'Histoire des imaginations extravagantes de monsieur Oufle servant de préservatif contre la lecture des livres qui traitent de la magie, des démoniaques, sorciers, fantômes, etc. (par Bordelon). *Paris, Duchesne*, 1754, 5 part. en 2 vol. in-12, fig. v. m.

188. De la Demonomanie des sorciers, par J. Bodin. *Paris, Jacques du Puys*, 1580, in-4, v. br.

Quelques notes manuscrites des temps sur les marges.

189. Demonomonia degli Stregoni, cioè furori, et malie de' demoni, col mezo degl' huomini: divisa in libri IIII, di Gio. Bodino; tradotta dal Kr Hercole Cato. *In Venetia, presso Aldo*, 1592, in-4, demi-rel. mar. v.

Alde rare.

190. Discours des Sorciers par Henri Boguet. *Lyon, Jean Pillehotte*, 1602, in-8, parch.

191. Demonologie, ou Traitte des démons et sorciers, par Fr. Perreaud. Ensemble l'Antidémon de Mascon, ou Histoire véritable de ce qu'un démon a fait et dit, il y a quelques années, en la maison du sieur Perreaud, à Macon. *Geneve, Pierre Aubert*, 1653, in-12, vél. (*Piqûres dans la marge du fonds.*)

192. La Géomance du seigneur Christofe de Cattan, avec la Roüe de Pythagoras, le tout mis en lumière par Gabriel du Preau. *Paris, Gilles*, 1558, in-4, fig. v. br.

193. Manière de se récréer avec le jeu de cartes nommées tarots, par Etteilla (Alliette). *Amsterdam et Paris, Mérigot*, 1783-85, 4 vol. in-12, fig. br.—Philosophie des hautes sciences, ou la Clef donnée aux enfants de l'art de la science et de la sagesse, par Eteilla. *Amsterdam et Paris*, 1785, in-12, br. — Soliloques, par le même. *S. l. n. d.* — Le petit Eteilla. *S. l. n. d.*, in-12, br.

194. La vera Dichiaratione di tutte le metafore, similitudini, et enimmi degl'antichi filosofi alchimisti tanto caldei et arabi, come greci et latini... per frate Quattrami da Gubbio. *In Roma, appresso Vincent. Accolti*, 1587, in-4, non rel.

195. Della Tramutatione metallica sogni tre, di Gio. Batt. Nazari. *In Brescia, appresso Marchetti (à l'ancre Aldine)*, 1599, in-4, fig. sur bois, cart. non rog.

196. Le Texte d'alchimie et le Songe vert (de Bernard, comte de la Marche Trevisane). *Paris, Laurent d'Houry*, 1695, in-12, fig., br., non rogné.

Rare en cette condition.

197. Le Triomphe hermetique, ou la Pierre philosophale victorieuse (par Limojon de Saint-Didier). *Amsterdam, Wetstein*, 1699, in-12, fig., br.

198. Nouvelles Prédictions de la destinée des princes et Etats du monde, traduit de l'italien par C. L. D. (avec une traduction allemande). *Venise, Gio. del Campo*, 1688, pet. in-12, demi-rel. mar. r.

ARTS DIVERS

Musique, Calligraphie, Typographie.

199. Il Musico testore del P. Bac. Zaccaria Tevo. *Venezia, appresso Antonio Bortoli*, 1706; in-4. titre grav., portr. et fig., demi-rel., mar. v. non rog.

200. Beethoven et ses trois styles. Analyse des sonates de piano, suivie de l'Essai d'un catalogue critique, chronologique et anecdotique de l'œuvre de Beethoven, par W. de Lenz. *Paris, A. Lavinée*, 1855, in-12. dem.-rel. mar. v.

201. L'Art de mémoire, par lequel on peut apprendre à s'enrichir la mémoire pour retenir et réciter tout ce que l'on saurait ouïr ou lire en toutes sortes de sciences. *Paris, Jean Micard*, 1610, in-12, vél.

202. Memorie del Calcio, Fiorentino, tratte da diverse scritture (di Pietro di Lorenzo Bini). *In Firenze, s. d.*, in-4, une pl., cart.

203. Traité de la parole, langues et écritures, contenant la steganographie impénétrable, ou l'art d'écrire et parler occultement, de loin et sans soupçon. Par M. Comiers, d'Ambrun. *Bruxelles, Jean Leonard*, 1691, pet. in-12, v. br.

204. Recueil de 17 pages manuscrites de calligraphie, avec dessins et ornements singuliers, attribués à Boselli, calligraphe modenais du XVIIe siècle. In-4, obl., cart.

Toutes ces pages sont remontées.

205. Traité des inscriptions en faux et reconnoissances d'escritures et signatures, par Jacques Raveneau. *Paris*, 1665, in-12, vél. (*Taché d'encre sur les tranches.*)

206. Nouvelle Methode pour ecrire secrètement, et pour traduire en françois toutes les langues etrangères, par le sieur E. C... *Paris; Jean Moreau*, 1698, in-12, demi-rel. bas.

207. Advis pour juger des inscriptions de faulx, ou comparaison des escritures et signatures, par François Demelle. *Paris, René Ruelle*, 1609, in-12, vél.

208. Manuel pratique et abrégé de la typographie française (par Brun). *Paris, Didot*, 1823, in-18, demi-rel. n. r.

ARTS ET MÉTIERS

Jeux, etc.

209. Secrets concernant les arts et métiers. *Bruxelles*, 1760, 2 vol. in-12, v. m.

210. Antonii Neri de Arte vitraria libri VII, et in eosdem Christophori Merretti observationes et notæ. *Amstelædami, apud H. Wetstenium*, 1686, pet. in-12, frontisp. v. f.

211. Le Parfumeur royal ou l'art de parfumer avec les fleurs et composer toutes sortes de parfums, tant pour l'odeur que pour le goût, par le sieur Barbe, parfumeur. *Paris, A.-S. Brunet*, 1699, in-12, frontisp., rel. en bas, recouv. de pap. bleu.

212. Libro della natura et virtù delle cose, che nutriscono, et delle cose non naturali, con alcune osservationi per conservare la sanità, et alcuni quesiti bellissimi da notare. Raccolto da diversi auttori, per Michel Savonarola. *In Venetia*, 1575, in-4, vél.

213. Il Convito, overo discorsi di quelle materie che convito s'appartengono; del sig. Ottaviano Rabasco. *In Fiorenza*, 1615, in-4, vél.

214. Nouvelle Cuisine canadienne, contenant tout ce qu'il est nécessaire de savoir dans un ménage... *Montreal, Louis Perrault, s. d.*, in-12, cart.

214 *bis*. Trattato della natura de' cibi et del bere, del sig. Baldassare Pisanelli. *In Venetia, appresso Gio. Battista Porta*, 1584, in-4, cart.

215. Chorégraphie, ou l'Art de décrire la dance par caractère, figures et signes démonstratifs, ouvrage très-utile aux maitres à danser, par M. Feuillet. *Paris, Mich. Brunet*, 1701, in-4, pl. v. m.

216. La Maison académique, contenant les jeux : du piquet, du hoc, du trique-trac, du hoca, de la guerre, de la paume, etc. *La Haye, Jacob van Elinckhuysen*, 1702, in-12, bas.

217. Les règles du jeu du canal royal du Languedoc, avec l'explication de tous les travaux qui composent

ce grand ouvrage. *A Castelnaudary, par Ch.-Pierre Chrestien*, 1682, in-12, v. m.

218. L'Histoire des Grecs, ou de ceux qui corrigent la fortune au jeu (par le chevalier Goudar). *Londres, Nourse*, 1758, in-12, v. br.

BELLES-LETTRES

LINGUISTIQUE

219. J. A. Comenii Janua linguarum reserata aurea; sive seminarium linguarum, et scientiarium omnium (en latin et en allemand). *Amsterdam, Joan. Jansson*, 1662, in-8, v. f.

220. Julii Pollucis Onomasticon.., nunc primum latinitate donatum, Rod. Gualtero Tigurino interprete. *Basileæ, apud Rob. Winter*, 1541, pet. in-4, v. compart. dent. tr. dor. cis. (*Rel. du* XVIe *siècle.*)

221. La deffense et illustration de la langue française, par J. du Bellay, précédée d'un discours sur le bon usage de la langue française, par P. Ackerman. *Paris*, 1839, in-8, br.

222. De l'Etat actuel de la langue française, par G. A. Crapelet, suivi d'une lettre de Gab. Peignot à l'auteur. *Paris*, 1828, br. in-8, cart.

223. Trésor des origines et dictionnaire grammatical raisonné de la langue française, par Charles Pougens. Specimen. *Paris, imp. royale*, 1819, in-4, br. non rog.

224. Observations de l'Académie françoise sur les remarques de M. de Vaugelas. *Paris, J.-B. Coignard*, 1704, in-4, v. m.

225. Remarques et décisions de l'Académie françoise,

recueillies par M. L. T. (l'abbé Tallemant). *Paris, J.-B. Coignard*, 1698, in-12, v. br.

226. L'Art de prononcer parfaitement la langue françoise, par J. H. D. K. (Jean Hindret). *Paris, Laur. d'Houry*, 1696, 2 vol. in-12, mar. r. Jansen. tr. d'or. (*Rel. anc.*)

227. Dictionnaire de la langue françoise, de Pierre Richelet. *Amsterdam*, 1732, 2 vol. in-4, dem.-rel.

Édition recherchée à cause de sa belle exécution. (*Brunet.*)

228. Nouveau recueil des factums du procez d'entre l'abé Furetière et quelques-uns des autres membres de l'Académie françoise. *Amsterdam, H. Desbordes*, 1694, 2 vol. in-12, frontisp., dem.-rel. v. r.

229. Diccionario muy copioso de la lengua espanola y francesa, etc. Dictionnaire très-ample de la langue espagnole et française, etc., par Jean Pallet. *Paris*, 1604, 2 part. en 1 vol., pet. in-8, titre gravé par L. Gaultier, v. br. (*Rare.*)

POÉSIE

Poëtes grecs et latins.

230. Florilegium diversorum epigrammatum veterum, in septem libros divisum (græce). *Excudebat Henr. Stephanus*, 1566, in-4, vél.

231. Les XXIIII livres de l'Iliade d'Homère, traduicts en vers françois, les XI premiers par Hugues Salel, et les XIII derniers par Amadis Jamyn, avec les III premiers livres de l'Odyssee d'Homère. *Paris, Abel l'Angelier*, 1599, in-12, vél.

232. L'Iliade et l'Odyssée d'Homère, nouvelle traduction (par de la Valterie). *Suivant la copie imprimée à Paris, chez Claude Barbin* (*Holl. à la sphère*), 1682, 4 part. en 2 vol. in-12, fig. de Schoonebeck, bas. (*Quelques mouillures.*)

233. Les Grâces, ode de Pindare, traduite par l'abbé Massieu (avec une Dissertation sur les Grâces, du même, et divers ouvrages sur le même sujet, par différents auteurs). *Paris, Delalain*, 1774, in-8 de 326 pages, gr. pap. fig. br.

234. Apollonii Rhodii Argonautica... nunc primum emendate edidit R. Fr. Ph. Brunck. *Argentorati*, 1780, in-8, v. éc.

Signature de Fauriel sur le titre.

235. Viridarium illustr. poetarum cum ipsorum concordantiis in alphabetica tabula accuratissime contentis. (per Oct. de Florovantis Mirandula). *Lugduni, per Gilbertum de Villiers*, 1512, in-8, vél.

236. Catullus, Tibullus, Propertius, Cor. Galli fragmenta. *Antuerpiæ, ex officina Christophori Plantini*, 1560, in-16, mar. n. fil. tr. dor. (*Rel. anc.*)

237. P. Virgilii Maronis Opera. *Lugd. Batavor., ex officina Elzeviriana*, 1636, pet. in-12, titre grav., carte, v. f. fil.

Seconde édition.

238. Les Œuvres de P. Virgile Maron, traduictes de latin en vers françois, sçavoir les Bucoliques, Georgiques et douze livres de l'Eneide, par Rob. et Ant. Le Chevalier d'Agneaux; avec un treizième livre latin adjousté à l'Eneide, par Mapheus, tourné par P.-D. Mouchault. *Paris, David Le Clerc*, 1607, in-8, bas.

239. Les Eglogues de Virgile, traduites en carme françois, la première par Clément Marot, et les neuf autres par M. Richard le Blanc. *Paris, Ch. l'Angelier*, 1555. — Les quatre livres des Georgiques de Virgile, traduits en carme françois par R. Le Blanc. *Paris, Ch. l'Angelier*, 1554, en 1 vol. in-8, vél. (*Déchirure au coin d'un feuillet et Piqûre de vers.*)

240. Mauri Servii Honorati grammatici commentarius in Bucolica (Georgica et Æneidem.) Virgilii incipit. *S. l. n. d.* in-fol. à deux col. bas. (*Mouillé.*)

Très-ancienne édition imprimée vers 1470, avec les caractères qu'on attribue à Mentelin. (*V. Brunet.*)

241. Géographie de Virgile, ou Notice des lieux dont il est parlé dans les ouvrages de ce poëte, par Helliez. *Paris, Brocas*, 1771, in-12, carte, v. m.

242. Quinti Horatii Flacci Carmina, nova editio. *Parisiis, Barbou*, 1775, in-12, v. tr. dor.

243. Q. Horatii Flacci Opera, cum variis lectionibus, notis variorum et indice locupletissimo. *Londini, Gul.*

Browne, 1792, 2 vol. grand in-4, pap. vél. portr. du duc d'York, v. ant. fil. (*Armes d'un collége anglais.*)

244. Pub. Ovidii Nasonis Metamorphoseon libri XV. *Parisiis, Hiéron. de Marnef*, 1587, in-16, fig. sur bois, bas.

245. Olympe ou métamorphose d'Ovide, traduction nouvelle. (*Genève*), *Jean de Tournes*, 1609, in-16, fig., vél. (*Mouillé.*)

On trouve en tête de ce volume une lettre de Jean de Tournes dans laquelle on remarque quelques détails sur le graveur Bernard Salomon, dit le Petit-Bernard.

246. Les Epistres d'Ovide, traduites en vers françois, avec des commentaires, par Claude Gasp. Bachet, sieur de Meziriac. *A Bourg en Bresse, par Jean Tainturier*, 1626, in-8, de 1014 pages, vél.

Volume rare, qui paraît être le plus ancien livre imprimé à Bourg en Bresse.

247. Sententiæ puriores cum dictis festivioribus in usum pueritiæ ex Ovidio excerptæ singulis, adjecta est sua epigraphe. *Rhotomagi, apud Jo. Osmontium*, 1603, in-8, vélin.

En vers latins et français, par J. Behourt, régent du collége des Bons-Enfants à Rouen, et auteur dramatique

248. Manilii Astronomicon ad Cæsarem Augustum, liber primus. *S. l. n. d.* (XVe *siècle*), pet. in-fol. fig. sur bois, cart.

249. Aulus Persius Flaccus brevissimus annotationibus illustratus, avec la traduction en vers françois, par G. Durand, de Senlis. *Parisiis, Dionysius à Prato*, 1575, in-8, vél.

250. Persius enuclaatus, sive commentarius in Persium, studio Dan. Wedderburn. *Amstelod., D. Elzevirius*, 1666, pet. in-12, br.

Exemplaire non rogné.

251. Les Satyres de J. Juvenal, traduites en françois, par A. du Chesne, Tourangeau. *Paris, Jean le Bouc*, 1607, in-8, vél.

252. Claudiani Opera, quæ exstant omnia, cum notis integris Martini, Ant. Delrii, Steph. Calverii, et Thomæ Dempsteri, auctor. Nic. Heinsii, et ineditis Petri

Burmanni. *Amstelædami*, 1760, in-4, vél. bl. non rogné.

253. Sidonii Apollinarii Poema aureum; ejusdemque epistole (cum comment. J.-B. Pii.) *Impressum Mediolani per magistr. Uldaricum Scenzenzeler*, M CCCC LXXXXVIII, in fol., demi-rel. vél.

Première édition. Bel exemplaire. Quelques notes manuscrites sur les marges.

254. Thesaurus epitaphiorum veterum ac recentium selectorum, et antiquis inscriptionibus, omnique scriptorum genere : opera ac studio R. P. Philippi Labbé. *Parisiis, apud Simonem Benard*, 1666, in-8, mar. br.

255. Hieronymi Fracastorii Opera omnia; accesserunt Andreæ Naugerii orationes duæ carminaque nonnulla... *Venetiis, apud Juntas*, 1555, in-4, vél.

256. G. Anselmi nepotis Epigrammaton libri septem. *Venetiis, Maphæus Pasinus*, 1528, pet. in-8, mar. br. compart.

Reliure curieuse du temps.

257. Poésies de Marc-Antoine Muret, mises en vers françois par M. P. Moret. *Paris, Christophe Journel*, 1682, in-12, v. ant. fil. dent. à froid.

258. Le Bonheur que procure l'étude, par le chancelier de l'Hopital, fragments traduits de ses poésies latines. *Paris, Michaud*, 1817, in-8, pap. vél. br.

259. Ægidii Menagii Miscellanea. *Parisiis, apud Aug. Courbé*, 1652, in-4, beau portr. par Rob. Nantueil, vél.

Outre les poésies grecques, latines et françaises de Ménage qui sont ici en première édition, on trouve dans ces mélanges les deux pièces satiriques contre Montmaur, la *Requeste des Dictionnaires à MM. de l'Académie*, la *Dissertation sur les sonnets de la Belle Matineuse* du même auteur, la *Pompe funèbre de Voiture* par Sarazin, première édition, etc.

260. Caroli Ruæi carminum libri quatuor. *Lutetiæ Parisiorum, apud Simonem Benard*, 1680, in-4, beau portr. grav. par Edelinck, frontisp. et vign. v. br.

261. L'Art de peinture de C. A. Du Fresnoy, traduit en françois (par de Piles). *Paris, Nic. Langlois*, 1684, in-12, fig. par Séb. Le Clerc, mar. r. fil. tr. dor. (*Rel. anc.*)

262. L'Ecole d'Uranie, ou l'Art de la peinture, trad. du

latin de Du Fresnoy et de l'abbé de Marsy (par de Piles et de Querlon). *Paris, Saugrain*, 1780, pet. in-8, v. f.

263. Musæum nummarium carmen, autore Georgio Vionnet. *Lugduni*, 1734, in-12, v. m.

Avec envoi autographe de G. Vionnet.

264. Le Zodiaque de la vie, ou préceptes pour diriger la conduite et les mœurs des hommes, traduit du latin de Marcel Palingene, par de la Monnerie. *La Haye*, 1731, in-12, cart. non rog.

265. Speculum vitæ aulicæ de admirabili fallacia et astucia vulpeculæ Reinickes libri IV... auctore Hart. Schoppero. *Francofurti ad Mœnum*, 1574, in-12, fig. sur bois de J. Amman, cart.

266. Musæi Joviani imagines artifice manu ad vivum expressæ. Nec minore industria Theobaldi Mulleri musis illustratæ. *Basileæ, ex officina Petri Pernæ*, 1577, in-4, nombr. port. sur bois, vél.

Recueil de cent trente-cinq portraits en partie de personnages du xve et du xvie siècles : français et étrangers, Christ.-Colomb, Fern.-Cortez, etc. Déchirure enlevant une partie du titre.

267. Antonius de Arena ad suos compagnones, qui sunt de persona friantes, bassas, dansas et branlos per quam plurimos mandat. *Londini*, 1758, in-12, vél. v. (*Titre mouillé.*)

POETES FRANÇAIS

Poésies de divers genres.

268. Des formes primitives de la versification des trouvères dans leurs épopées romanesques, par M. Raynouard. (Extrait du *Journal des Savants* de juillet 1833.) Br. in-8, cart.

269. Le Grand Dictionnaire des rimes françoises, selon l'ordre alphabétique (par de La Noue). *Genève, Matthieu Berjon*, 1624, pet. in-8, vél.

270. Petite Encyclopédie poétique, ou choix de poésies dans tous les genres, par une société de gens de lettres. *Paris, Capelle*, 1804-1810, 17 vol. in-18, br.

Exemplaire en papier vélin.

271. Chronique rimée des troubles de Flandres à la fin du XIVe siècle, publiée par Ed. Leglay. *Lille*, 1842, gr. in-8, pap. vél. br.

272. Poésies de Charles d'Orléans. *Grenoble, A. Giroud*. 1803, in-12, v. viol. fil. dent. à froid, tr. dor. (*Ducastin*.)

273. Les Psaumes de David mis en rime françoise, par Clément Marot et Theodore de Beze. *La Rochelle, les heritiers de H. Haultin*, 1612, in-16, vél. (*Mouillé*.)

274. Œuvres de Louise Charly, lyonnoise, dite Labé, surnommée la belle Cordière. *Lyon, Duplain*, 1762, in-12, bas.

275. La belle Vieillesse, ou les quatrains des sieurs de Pibrac, Du Faur et Matthieu, sur la vie, sur la mort et sur la caducité des choses humaines. *Paris, Quillau*, 1746, in-12, v. gr.

276. Les Œuvres de Guillaume de Saluste, seigneur du Bartas, augmentées des Commentaires sur la sepmaine. *Paris, Jean Fevrier*, 1583, in-12, vél.

277. Commentaires et annotations sur la sepmaine de la creation du monde, de G. de Saluste, seigneur du Bartas. *Paris, Abel L'Angelier*, 1585, in-12, vél.

Quelques mouillures.

278. Premiere sepmaine, ou Creation du monde de G. de Saluste, seigneur du Bartas. *Lyon, Pierre Rigaud*, 1608, in-12, vél. (*Déchirure à la page* 189.)

279. Les CL Pseaumes de David mis en vers françois par Philippes Des Portes. *Paris, Jacques de la Carrière*, 1623, in-12, titre grav. vél.

280. Le Cavalier parfait de sieur de Trellon, où sont comprinses toutes ses œuvres divisées en quatre livres. *Lyon, Pierre Rigaud*, 1614, in-12, cart.

281. Les Muses illustres de messieurs Malherbe, Theophile, l'Estoile, Tristan, Baudoin, Colletet le père, Ogier, G. Boileau, etc. (publié par Fr. Colletet). *Paris Pierre David*, 1658, in-12, v. br.

282 Les Œuvres de M. François Malherbe. *Orléans et Paris, J. Guignard*, 1659, pet. in-12, vél. (*Mouillé*.)

283. Les Œuvres du sieur de Saint-Amant. *Rouen, Louis Behourt*, 1660, in-8, vél.

284. La Rome ridicule de M. de St Amant, Caprice. *Paris*, 1661, in-12, vél.

285. Poésies diverses de Colletet. *Paris, Louis Chamboudry*, 1656, in-12, v. m. fil.

286. Métamorphose des yeux de Philis en astres, par Germain Habert. *Paris*, 1648. — La belle Gueuse, la belle Aveugle. Le Temple de la gloire, par Brue de Montplaisir. Le Temple de la mort (sur la mort de Marie Rusé d'Effiat, femme du maréchal de la Meilleraye, par Ph. Habert). *Paris, Ant. de Sommaville*, 1647, pet. in-12, v. br.

287. Les Poésies de Salomon de Priezac, sieur de Saugues. *Paris, Séb. Martin*, 1653, in-8, bas.

288. Eloges poétiques, du sieur de Brébeuf. *Paris, Ant. de Sommaville*, 1661, in-12, v. br.

289. Entretiens solitaires, ou prières et méditations pieuses, en vers françois, par M. de Brébeuf. *Paris, Jean Ribou*, 1670, in-12, frontisp. et fig., v. br.

290. Les Œuvres posthumes de défunt M. B*** (Gilles Boileau-Despréaux). *Paris*, Barbin, 1670, in-12, v. br.

291. Paraphrase des Psaumes de David, par Ant. Godeau. *Paris, veuve Camusat*, 1640, pet. in-12, mar. r. fil. tr. dor. (*Rel. anc.*)

292. Œuvres diverses, par le sieur D. H... (d'Hesnault). *Paris*, 1670, in-12, v. br. (*Piqûre de vers.*)

293. La Muse nouvelle, ou les agréables divertissements du Parnasse, par T. de Lorme (de Grenoble). *Lyon, Benoist Coral*, 1665, in-12, portr. et frontisp., bas. (*Taches et piqûres de vers.*)

294. Sentimens d'amour, tirez des meilleurs poëtes modernes, par le sieur Corbinelli. *Paris, Cl. Barbin*, 1665, 2 vol. in-12, frontisp., grav., v. br.

295. Poésie de Saint-Pavin, et de Charleval. *Amsterdam et Paris, Leprieur*, 1759, — 2 part. en 1 vol. in-12, bas.

296. Œuvres diverses du sieur D... (Boileau-Despréaux), avec le Traité du sublime ou du merveilleux dans le discours, traduit du grec de Longin. *Paris, Denys Thierry*, 1675, in-12, frontisp. et fig. grav. par Landry et Vallet, v. br.

297. Œuvres diverses du sieur D... (Despréaux), avec le Traité du sublime traduit du grec de Longin. *Paris, Claude Barbin*, 1694, 2 vol. in-12, v. br.

298. Œuvres diverses du sieur Boileau-Despréaux, avec le Traité du sublime ou du merveilleux dans le discours, traduit du grec de Longin. *Paris, Denys Thierry*, 1701, in-4, frontisp., v. br.

Dernière édition publiée par Boileau.

299. Le Triomphe de Pradon sur les satires de Boileau. *Lyon*, 1684, in-12, v. éc. — Nouvelles remarques sur tous les ouvrages du sieur D... (Boileau, par Pradon). *La Haye, Jean Strik*, 1685, in-12, bas. (*Mouillé.*)

300. Nouveau recueil de plusieurs et diverses pièces galantes de ce temps. *S. l.* 1665, 2 vol. pet. in-12, v. gr.

On trouve dans ce recueil quelques pièces de Boileau imprimées pour la première fois, entre autres la satire à Molière et celle à Le Vayer.

301. Recueil de vers choisis (publ. par le P. Bouhours). *Paris, G. et L. Josse*, 1693, in-12, v. br.

Ce recueil contient plusieurs pièces de Lafontaine, Racine, Fléchier, Mme Deshoulières, Mlle de Scudéry, etc., qui parurent ici pour la première fois.

302. Poésies de M. de la Monnoye, avec son éloge, publiées par M. de S... (de Sallengre). *La Haye, Ch. Le Vier*, 1716, in-8, vign. en tête, par Bleyswik, v. br.

303. Œuvres diverses du sieur D... avec un Recueil de poésies choisies de M. de B... (Blainville). *Amsterdam*, 1714, 2 vol. in-12, v. br.

Dans le tome II se trouvent la *Rome ridicule*, de St-Amant, le *Paris ridicule*, de Cl. Petit et le *Madrid ridicule*.

304. Œuvres diverses du sieur R... (J.-B. Rousseau), *Soleure*, 1712, in-12, v. f.—Anti-Rousseau, par le poëte sans pard. (Gâcon). *Rotterdam*, 1712, in-12, front., v. br.

Edition originale.

305. Recueil de poésies diverses, par le P. Du Cerceau. *Paris, Jacques Estienne*, 1720, in-8, frontisp., cart. non rog.

306. Lettre sur une nouvelle édition des œuvres de Du Cerceau, par Gab. Peignot à M. Amanton. *Dijon*, 1828, br. in-8, cart.

Avec une longue note autographe de Gabriel Peignot.

307. Œuvres de Chaulieu. *La Haye, Gosse* (*Cazin*), 1777, 2 vol. in-24, portr. v. f. fil. tr. dor.

308. Le Chifonnier du Parnasse, ou poésies nouvelles de divers auteurs, par Alex. Piron et autres. *Amsterdam, J. Fr. Bernard*, 1732. — L'Ecole de la volupté. *Dans l'isle de Calypso*, 1747. — La Metempsicose, pièce en vers. *Paris, Duchesne*, 1753. — La Pipe cassée, poëme épi-tragi-poissardi-héroï-comique, par Vadé. *Paris, Duchesne, s. d.* — Le Déjeuné de La Rapée, ou Discours des halles et des ports. *Paris, Duchesne, s. d.* — Le tout en 1 vol. in-12, v. m.

309. Gresset. La Chartreuse; épitre à M. D. D. N. *S. l.* 1735, in-12, non-rel. — Les Ombres, épitre à M. D. D. N. *S. l.*, 1735, in-12, br. — Copies de trois lettres de Rousseau sur le Vert-Vert, sur la Chartreuse, etc. *La Haye*, 1736, in-12, non rel. — Le Caresme impromptu et le Lutrin vivant. *Amsterdam*, 1735, in-12, non rel. — Epitre à mes dieux pénates. *Paris, Didot*, 1736, pet. in-8 non rel. — Epitre de M. Gresset, à sa muse. *Paris, Prault*, 1736, pet. in-8, non rel. — Epitre de M. Gresset, écrite de la campagne, au Père... *Paris, Prault*, 1737, pet. in-8, non rel. — Epitre de M. Gresset, sur sa convalescence. *Paris, Prault*, 1738, pet. in-8, non rel.

310. Œuvres diverses de M. Baculard d'Arnault. *Berlin*, 1751, 3 vol. in-12, v. f.

311. Poésies tirées des saintes écritures, par M. de Reyrac. *Paris, Delalain*, 1770, in-8, br. — Hymne au soleil, par l'abbé de Reyrac. *Paris, imp. royale*, 1783, in-8, pap. vél., br.

En tête des poésies de Reyrac, se trouve un très-joli portrait de Marie-Antoinette, dauphine.

312. Mélanges de poésies fugitives et de prose sans conséquence, par Madame la comtesse Fanny de Beau-

harnais). *Paris, Delalain*, 1776, in-8, pap. de Holl., fig. de Marillier, cart. n. rog. (*Rare.*)

313. Opuscules poétiques, par le chevalier de Cubières. *Orléans, Couret de Villeneuve*, 1786, 3 vol. in-18, bas.

314. Mon Serre-Tête, ou les après-soupers d'un petit commis, brochure comme il y en a tant (par Mercier de Compiègne). *Frivolipolis*, 1788, pet. in-8, demi-rel.

315. Recueil des opuscules posthumes de M. Lormeau de La Croix. *Paris, François Didot*, 1787, in-12, br.

Tiré à 40 exemplaires.

316. Œuvres de Venance (J.-Fr. Dougados), publiées par Aug. de Labouisse. *Paris, Delaunay*, 1810, in-18, pap. vél., bas.

317. Poëmes élégiaques de Jos. Treneuil. (Les Tombeaux de St-Denis, l'Orpheline du Temple.) *Paris, Didot*, 1824, in-8, pap. vél. portr. et fig., cart. n. rog.

Poëmes sacrés, héroïques, didactiques, héroï-comiques, badins, etc.

318. Joseph, ou l'Esclave fidèle, poëme (par Dom Morillon). *Turin* (*Tours*), 1679, in-12, v. m.

319. Josué ou la Conqueste de Canaan, poëme sacré, par J. de Coras. *Paris, Ch. Angot*, 1665, pet. in-12, v. br.

— Samson, poëme sacré, par le même. *Paris, Ch. Angot*, 1665, in-12, chag. noir, fil. à froid.

— Jonas, ou Ninive pénitente, poëme sacré, par le même. *Paris, Ch. Angot*, 1665, in-12, v. f. fil. dent. à froid, dos orné.

320. Alaric, ou Rome vaincue, poëme héroïque, par M. de Scudery, *jouxte la copie. A Paris, Aug. Courbé*, (*Holl., Elzev.*), 1655, in-12, frontisp. et fig. v. m. fil. (*Armes sur les plats.*)

321. Saint Louis, ou la saincte Couronne reconquise, poëme héroïque, par le P. Pierre Le Moyne. *Paris, Aug. Courbé*, 1658, in-12, demi-rel. v. m. (*Mouillé.*)

322. Charlemagne, poëme héroïque, par Louys Le Laboureur. *Paris, Louis Billaine*, 1666, in-12. (*Titre raccommodé.*)

323. La Pucelle, ou la France délivrée, poëme héroïque, par Chapelain. *Paris, Aug. Courbé*, 1656, in-12, fig. v. br.

324. La Henriade (par Voltaire), avec les variantes, l'Essai sur la poésie épique (une préface par Marmontel et la note sur les damnés). *S. l.* 1746, in 12, tit. grav. v. f.

325. La Henriade travestie en vers burlesques (par Fougeret de Montbron). *Berlin*, 1745. — L'Ordre hermaphrodite, ou les Secrets de la sublime félicité. *Au jardin d'Eden*, 1748, in-12, v. m.

326. La Franciade, poëme en dix chants (sur la Révolution française), avec des notes, par le baron de Cholet, marquis de Dangeau. *Londres* (*Avignon*), 1817, in-12, br.

327. La Pallantiade, poëme épique en vingt-quatre chants, par le Baron de Hermann. *Paris, Didot*, 1835, 2 tomes en 1 vol. gr. in-8, pap. vél. fig. cart. n. rog.

328. Les Amours de Venus et d'Adonis, poëme du Chevalier romain (Marini), (en vers françois). *Paris, Gab. Quinet*, 1674, in-12, bas.

329. La Religion vengee, poëme en dix chants (par le cardinal de Bernis). *Parme* (*Bodoni*), 1795, in-8, v. v. fil. dent. tr. dor.

330. Géorgiques françaises, poëme par J. B. R. (Rougier) Labergerie. *Paris*, 1804, 2 vol. in-8, pap. vél. cart. non rog.

331. La Danse, ou les dieux de l'opéra, poëme, par J. Berchoux. *Paris, Giguet*, 1806, in-18, pap. vél. front. cart. non rog.

332. La Gastronomie, poëme par J. Berchoux, suivi des poésies fugitives de l'auteur. *Paris, L. G. Michaux*, 1819, in-18, pap. vél. bas. — La Danse, ou les dieux de l'opéra, par le même. *Paris*, 1806, in-18, fig. v. f.

333. L'Antigastronomie, ou l'Homme de ville sortant de table, poëme en IV chants. *Paris, Hubert*, 1806, in-18, pap. vél., frontisp., cart. non rog.

334. L'Art de dîner en ville, à l'usage des gens de lettres, poëme en IV chants (par Colnet). *Paris, Delaunay*, 1813, in-18, br. non rog.

335. Essai sur le sublime, poëme en trois chants, par A. de Charbonnières. *Paris, Maradan*, 1813, in-8, pap. vél. cart. n. rog.

336. Les Plantes, poëme, par René-Richard-Louis Castel. *Paris, Ladrange*, 1839, in-8, pap. vél. br.

337. La Dunciade, poëme (par Ch. Palissot). *Paris, Lepetit*, an VIII, in-18, pap. vél., frontisp. et fig., br.

338. L'Allée de la seringue, ou les Noyers, poëme héroï-satyrique en quatre chants, par M. D... (Lenoble). *Francheville, Eugène Aletophile*, 1690, in-12, v. m.

339. Caquet-Bonbec, la poule à ma tante, poëme en sept chants (par de Junquières). *Paris, Renard*, 1802, in-12, br. non rog.

340. Un Mois de folie, poëme en huit chants (par d'Egvilly). *Vaucluse*, 1803, in-18, pap. vél. br. non rog.

341. Berthe, ou le pet mémorable, anecdote du IXe siècle, par L. D. L. (Lombard de Langres). Suivi d'autres contes en vers, par le même auteur. *Paris, Leop. Collin*, 1818, in-18, br.

Fables, Contes, Satires, Poésies burlesques, Chansons.

342. Essai de fables nouvelles, suivies de poésies diverses et d'une épître sur les progrès de l'imprimerie, par Didot fils aîné. *Paris, Ambr. Didot l'aîné*, 1786, in-18, pap. vél. br.

343. Poésies diverses, par Baraton : Contes, bons mots, etc. *Paris, Grég. Dupuis*, 1705, in-12, v. br.

344. Le Caleçon des coquettes du jour (conte en vers). *La Haye*, 1763, in-8, br. non rog.

345. Contes et autres poésies, suivis de quelques mots de Piron mis en vers, par J.-Fr. Guichard. *Paris, Renouard*, an X, 1802, in-12, v. éc. fil. dent.

346. Les Philippiques, odes, par La Grange-Chancel;

avec des notes historiques, critiques et littéraires. ***Paris*** *(impr. de P. Didot), an VI de la liberté,* **1795**, in-**12**, pap. vél. v. rac. fil. dent. tr. dor.

Jolie édition tirée à petit nombre.

347. Epître à Sa Majesté Louis-Philippe premier, roi des Français, **1840**; par A. Bonin, in-4, mar. bl. compart. tr. dor.

Manuscrit autographe avec le chiffre du roi Louis-Philippe sur les plats.

348. Recueil des énigmes de ce temps (par C. Cotin). ***Paris, Jean*** *Guignard,* **1671**, pet. in-12, v. br.

349. Poésies satyriques du dix-huitième siècle, publiées par Sautereau. ***Londres, Paris*** *(Cazin)*, **1788**, 2 vol. in-18, frontisp. bas. fil. tr. dor.

Avec les pages 225 à 228 qui ont été supprimées dans presque tous les exemplaires et où se trouve la pièce satirique de Dorat, intitulée : *A celle qui se reconnoîtra* (Mlle Raucourt).

350. Le Virgile travesti en vers burlesques, de Monsieur Scarron. *Amsterdam,* ***Pierre*** *Mortier,* **1699**, 2 tomes en **1** vol. pet. in-12, frontisp. et fig., v. br. (*Raccommodage au premier titre.*)

351. Recueil des œuvres burlesques de Scarron, dédiées à sa chienne. ***Paris,*** *Toussaint et Quinet,* **1648**, **1651**, 2 part. en **1** vol. in-4, frontisp. vél. (*Mouillures*).

Edition originale

352. Le Courrier burlesque de la guerre de Paris, envoyé à Mgr le prince de Condé, pour le divertir durant sa prison (2e partie). *Anvers et* ***Paris***, **1650**, pet. in-12, vél.

353. Le Faut mourir et les excuses inutiles qu'on apporte à cette nécessité, le tout en vers burlesques, par M. Jacques Jacques. ***Lyon***, **1664**, in-8, cart. (*Manuscrit.*)

354. Histoire des amours et des infortunes d'Abélard et d'Héloïse, mise en vers satiri-comico-burlesques (par Armand). *Cologne, Pierre Marteau,* **1724**, in-12, frontisp. vél. fil.

355. Recueil des plus beaux vers qui ont esté mis en chant (par de Bacilly). ***Paris,*** *Ch. de Sercy,* **1661**, 2 part. en **1** vol. in-12, front. grav. v. br.

356. Chansons choisies de M. de Coulange, mises sur des airs connus. *Paris, Valleyre,* 1754, in-12, v. m.

357. Chansons, par J. P. de Béranger. *Paris, Didot,* 1821, 2 vol. in-18, v. r. fil.

358. Cantiques et pots-pourris. *Londres,* 1789, in-18, fig. et musique, bas.

359. Recueil de cantiques, hymnes et odes, pour les fêtes religieuses et morales des Theophilantropes. *Paris, an VI.* 1790, in-18, airs notés, br.

Poëtes italiens.

360. De Poeti siciliani libro primo di Giov. Vintimiglia, Messinese: nel quale si tratta de' poeti bucolici, e dell'origine e progresso della poesia nel isola di Sicilia. *Napoli,* 1663, in-4, v. f. fil.

361. Li Sonetti, canzone e triumphi del Petrarcha, con li soi commenti non senza grandissima e vigilantia et summa diligentia correpti. *In Vinegia, per Bern. Stagnino,* 1519, in-4, v. br. estampé.

362. Rime degli academici occulti, con le loro imprese e discorsi. *In Brescia, appresso Vincenzo di Sabbio,* 1568, in-4, titre grav. et fig. de Bart. Brixiano, vél.
Bel exemplaire, bien conservé.

363. Arcadia di Jac. Sanazzarro, con le annotazioni di L. Portirelli. *Milano,* 1806, in-8, portr. br. — La Caccia, poema di Valvasone. *Milano,* 1808, in-8, br. — Stanze e l'Orfeo ed altre poesie di A. Poliziano. *Milano,* 1808, in-8, br.

364. Orlando furioso de M. Ludovico Ariosto, traduzido en romance Castel. por el S. Don Hieronimo de Urrea. *Lyon, Gulielmo Roville,* 1556, in-4, fig. sur bois, vél.
La dernière page de la table est manuscrite.

365. Le divin Arioste ou Roland le Furieux, traduict en françois, par F. de Rosset. Ensemble la suitte de ceste histoire continuée jusques à la mort du paladin Roland. *Paris, Ant. de Sommaville, et Aug. Courbé, s. d.* in-4, titre grav. et fig. par L. Gaultier, vél. (Aux armes du comte de Toulouse.)
Manque un feuillet.

366. Le Trasformationi di M. Lodovico Dolce. *In Venetia, appresso Gabriel Giolito,* 1553, in-4, titre grav. et nombr. fig. sur bois, bas.

367. Il Palmerino di M. Lodovico Dolce. *In Venetia, appresso Gio. Batt. Sessa,* 1561, in-4, titre grav., fig. et fleurons sur bois, dem. rel. cuir de Russie.

368. L'Achille et l'Enea di messer Lodovico Dolce. *In Vinegia, appresso Gabr. Giolito,* 1571, in-4, vign. sur bois, vél.

Avec 55 jolies figures sur bois, c'est-à-dire une par chant

369. Gerusalemme liberata del sign. Torquato Tasso. *In Lione, appresso Alessandro Marsilii,* 1581, in-16, vél.

370. Il Goffredo, overo Gierusalemme liberata, poema heroico del sign. Torquato Tasso. *In Amsterdam, S. D. Elsevier, et in Parigi, Th. Jolly,* 1678, 2 vol. in-32, frontisp., portr. et fig. v. br.

371. La Hierusalem délivrée, du Tasse, trad. en vers français, par Sablon, Chartrain. *Paris, Denis Thierry.* 1671, 2 vol. in-16, frontisp. et fig., v. br.

372. Rime del signor caval. Battista Guarini. *In Venetia, presso Gio. Batt. Ciotti,* 1598, in-4, titre grav., initiales ornées sur bois, rel. en vél., fil. dent.

373. Les Madrigaux amoureux du cavalier Guarini, traduits d'italien en françois (par Ant. Picot, baron du Puiset.) *Paris, G. de Luynes,* 1664, in-12, bas.

374. La Venetia edificata, poema eroico di Giulio Strozzi, con gli argumenti di Francesco Cortesi. *In Venetia, appresso il Pinelli,* 1624, in-fol., frontisp. et fig., vél.

375. Raccolta di varie poesie di diversi autori sopra le correnti contingenze dell'armi christiane in Ungheria. *In Modona,* 1684, pet. in-8, fig. sur bois, cart.

376. La Genesi ridotta in ottava rima... dal dottore Ferdinando Caldari, Fiorentino, divisa in due parti con gli argomenti della signora contessa Luisa Bergagli Gozzi. *In Venezia, Stefano Orlandini,* 1747-48, 2 vol. in-4, fig. et vign. cart. non rogn.

377. Componimenti dell'academia de Ricovrati per la traslazione del corpo di Gregorio, card. Barbarigo. *In Padova, Gius. Comino,* 1726, in-fol., portr., cart.

378. Il Giorno di Giuseppe Parini. *Milano, co' tipi di Luigi Mussi,* 1811, in-fol. pap. vél. cart. non rog.

Édition de luxe tirée à 155 exemplaires.

379. Voceri, chants populaires de la Corse, avec la traduction en regard, précédés d'une excursion faite dans cette île en 1845, par A. L. A. Fée. *Paris, V. Lecon,* 1850, in-8, br.

POÉSIE DRAMATIQUE

Poëtes dramatiques grecs et latins.

380. Æschyli Tragœdiæ VII (græce), Petri Victorii cura et diligentia. *S. l., ex officina Henrici Stephani,* 1557, in-4, v. br. fil. (*Armes.*)

381. Euripidis quæ exstant omnia Tragœdiæ nempe XX, opera et studio Josuæ Barnes. *Cantabrigiæ, ex officina Johan. Hayes,* 1694, in-fol. rel. en vél., cordé.

382. Accius Plautus, Opera Dionys. Lambini emendatæ. *Lutetiæ,* 1577, in-fol. v. f. (*Ex. de Soubise.*)

383. M. Accii Plauti Comœdiæ, superstites XX. *Amstelodami, Ludov. Elzevirius,* 1652, in-24, titre grav. v. m.

384. Publii Terentii Comœdiæ, ad optimorum exemplarium fidem recensitæ (edente J. Leng.) *Cantabrigiæ, typis academicis,* 1701, in-4, v. f.

Exemplaire de Soubise.

385. Publii Terentii Afri Comœdiæ sex, ad optimorum exemplarium fidem recensitæ. *Lutetiæ Parisiorum, Natalem Le Loup,* 1753, 2 vol. in-12, frontisp. et fig. bas.

386. Publii Terentii Afri Comœdiæ. *Birminghamiæ, typis Johannis Baskerville,* 1772, in-8, front. et fig. de Cochin, v. porph. fil. dent. tr. dor.

387. Senecæ Tragœdiæ. *Venetiis, in ædibus Aldi,* 1517, in-8, mar. br. dos orné, tr. dor. (*Anc. rel.*)

388. Comœdia sacra, cui titulus Joseph... scripta et

edita, per Cornelium Croeum. *Parisiis, Christiani Wecheli,* 1537, in-8, cart.

389. Ovis perdita (comedia), autore Jac. Zovitio apud Brædanos Ludi magistro. *Antuerpiæ, vidua Martini Cæsaris,* 1539, pet. in-8, titre encadré, cart.

390. Comœdia acolasti titulo inscripta, de filio prodigo, auctore Gulielmo Gnapheo. *Parisiis, Chr. Wechelus,* 1546, in-8, cart.

Le même ouvrage, *Parisiis, Prigentii Calvarini,* 1550, in-8, non relié

391. Baptistes, sive calumnia, tragœdia, auctore Georgio Buchanano. *Francofurti,* 1579, in-8, de 32 feuillets, non rel. (*Mouillé.*)

392. Operum poeticorum Nicodemi Frischlini pars scenica ; comœdiæ septem ; tragœdiæ duæ. *Witebergæ, Johan. Gormannus,* 1621, pet. in-12, vél.

393. Lutherus, drama, M. Henrici Hirtzwigii auctore. *Francofurti,* 1617, in-8, dem.-rel. mar. r.

394. Tragœdiæ, seu diversarum gentium et imperiorum magni principes, auctore P. Petro Mussonio, Virdunensi. *Flexiæ, apud Georgium Griveau,* 1621, in-8, vél.

Poëtes dramatiques français.

395. Histoire anecdotique du théâtre, de la littérature et de diverses impressions contemporaines, tirée du coffre d'un journaliste, avec sa vie à tort et à travers, par Ch. Maurice. *Paris, Plon,* 1856, 2 vol. in-8, fac-simile d'autogr., br.

396. Mystères des théâtres, 1852, par Ed. et Jules de Goncourt et Cornélius Holff. *Paris, Librairie nouvelle,* 1853, in-8, br.

397. Les Tragédies de Robert Garnier. *Lyon, Abr. Cloquemin,* 1602, in-12, vél.

398. Les Folies de Cardenio, tragi-comédie, par le sieur Pichou. *Jouxte la copie imprimée à Paris,* 1630, in-8, bas. (*Taché d'humidité.*)

399. Artaxerce, tragedie (par Magnon). *Paris, Cardin Besongne*, 1645. — Sejanus, tragédie de M. Magnon. *Paris, Toussainct Quinet*, 1647, en 1 vol. in-4, cart.

400. Le Trompeur puny, ou l'Histoire septentrionale, par M. de Scudery. *Paris, Ant. de Sommaville*, 1634. — Et 2 autres pièces, en 1 vol. in-8, v. gr. (*Mouillé et piqué des vers. — Aux armes du comte de Toulouse.*)

401. Vers du ballet royal dansé par Leurs Majestés entre les actes de la grande tragédie de l'*Hercule amoureux*, avec la traduction du prologue et des arguments de chaque acte. *Paris, Robert Ballard*, 1662, in-4, demi-rel. bas.

La tragédie de l'*Hercule amoureux* (en français et en italien) se trouve à la suite.

402. L'Absent chez soy, comedie, par M. Douville. *Paris, Toussainct Quinet*, 1644, in-4, vél.

403. Les Œuvres de Molière, augmentées de la vie de l'auteur et de la Princesse d'Elide. *La Haye, Husson*, 1735, 4 vol. pet. in-12, bas.

On a joint à cet exemplaire la suite des figures de Punt en très-belles épreuves

404. Supplément aux diverses éditions des œuvres de Molière, ou Lettres sur la femme de Molière, et poésies du comte de Modène, son beau-père (par Fortia d'Urban). *Paris, Dupont et Roret*, 1825, in-8, br.

405. Histoire de la Guerin. L'Homme à bonne fortune, ou l'heureux Comte, 1690. — Arlequin, homme à bonnes fortunes, comedie italienne, en 1 vol. in-8, v. br.

Manuscrit de la fin du XVIIe siècle.

406. Œuvres de Pradon. *Paris, Pierre Ribou*, 1700, in-12, frontisp., v. br. fil. (*Armes.*)

407. (Recueil de pièces.) Genseric, tragédie (par Mme Deshoulières). *Paris, Claude Barbin*, 1680. — Les Bouts-Rimez, comedie, par de Saint-Glas). *Paris, Pierre Trabouillet*, 1682. — Zelonide, princesse de Sparte, tragédie (par Ch. Cl. de Genest). *Paris, Claude Barbin*, 1682. — L'Amour berger, pastorale. *Rouen, Bonav. Le Brun*, 1687, en 1 vol. in-12, v. gr. (*Aux armes du comte de Toulouse.*)

408. Œuvres de Palaprat. *La Haye*, 1698, 2 vol. pet. in-12, br.

Jolie édition. Exemplaire non rogné.

409. Les Œuvres de M. de Crébillon. *Paris, Pierre Ribou*, 1716, in-12, v. br. fil.

Ce volume contient Idoménée, Atrée et Thyeste, Electre, Rhadamiste et Sémiramis. Les deux dernières pièces, l'une avec la date de 1713 et l'autre de 1717, sont en éditions originales.

410. Œdipe, tragedie, par Voltaire. *Paris, Pierre Ribou*, 1719. — Mahomet, tragédie, par le même. *Amsterdam*, 1743, en 1 vol. in-8, bas.

Editions originales.

411. Mahomet, tragédie par Voltaire. *Amsterdam*, 1743. — Zénéïde, comédie 1 a. v., par de Cahusac. *Paris, Prault*, 1744, frontisp. — Julie, ou l'heureuse épreuve, comedie en 1 a. pr. (par de St Foix). *Paris, Prault*, 1746. — Le Marie sans le savoir, comédie (en pr.) de Fagan. *Paris, Prault*, 1740, en 1 vol. in 8, v. br.

La tragédie de Mahomet est remplie de corrections, variantes et additions, qui, d'après une note placée en tête du volume, seraient de la main de Voltaire.

412. Théâtre et Œuvres diverses de Pannard. *Paris, Duchesne*, 1763, 4 vol. in-12, portr., v. m.

413. Buonaparte, ou l'Abus de l'abdication, pièce heroïco-romantico bouffonne en 5 actes. *Paris, Dentu*, 1815, in-8, dem.-rel., v. f. n. rog. (*Niedrée*.)

414. Deux Drames, par madame la princesse de Craon. *Paris, Delloye*, 1836, gr. in-8, pap. vél. br.

Poëtes dramatiques italiens.

415. Calandra, comedia di M. Bernardo Divitio da Bibiena. *Stampata in Vinegia, per Nicolo d'Aristotile detto Zoppino*, 1536, in-8, vél.

416. Comedia di Agostino Ricchi da Lucca, intitolata I Tre Tiranni. *Stampata in Vinegia, per Bernardino de Vitali*, 1533, in-4, dem.-rel. mar. v.

417. Aminta, favola boscareccia di Torquato Tasso. *In Leida, presso Gior. Elsevier*, 1656, in-24, v. br.

418. Il Pastor fido, tragi-commedia del sig. caval. Battista Guarini. *In Venetia, appresso Gio. Battista Ciotti*, 1602, in-4, portr. et fig. mar. r. fil. dent. tr. dor. (*Rel. anc.*)

419. Le Berger fidelle, traduit de l'italien de Guarini en vers françois par l'abbé de Torche, avec le texte en regard). *Cologne, Pierre Marteau* (*Holl., Elzév.*), 1671, pet. in-12, vél. (*Mouillé.*)

420. Difesa del Pastor fido, tragi-commedia pastorale del sig. caval. Battista Guarini. Con una breve risoluzione de' dubbi del sig. D. Pagolo Beni, d'Orlando Pescetti. *In Verona, nella stamp. di Angelo Tamo*, 1601, in-4, vél.

Bel exemplaire grand de marges.

421. La Filis de Scire, comédie pastorale, tirée de l'Italien, par le sieur Pichou. *Paris, Fr. Targa*, 1631, in-8, vél.

422. Il Cromvele, tragedia da Girolamo Gratiani. *In Bologna, per li Manolessi*, 1671, in-4, frontisp. cart. non rog.

423. Le Tragedie di Giovanni Delfino, cioè : La Cleopatra, la Lucrezia, il Creso, il Medoro. *In Padova, presso Giuseppe Pomino*, 1733, in-4, beau portr., fleurons et culs-de-lampe, vél.

424. La Zelinda, tragedia. *Parma, dalla Stamperia reale*, 1772. — Corrado, marchese di Monferrato, tragedia. *Parma, dalla Stamperia reale*, 1772. — En 1 vol. in-4, frontisp. et fleurons à sujets, v. rac. fil. dent., tr. dor.

425. Le Jugement de Numa, action dramatique représentée sur le théâtre de la Scala à Milan, le 26 juin 1803. *Milan, s. d.*, in-4, pap. vél. cartonn. recouvert de soie verte, avec broderies.

ROMANS ET CONTES

Romans grecs et latins.

426. Les Pastorales de Longus, ou Daphnis et Chloé, trad. de J. Amyot, revue et complétée par P. L. Courier, *Paris*, 1821, in-8, demi-rel.

427. Histoire æthiopique de Heliodorus, contenant dix livres, traittant des loyales et pudiques amours de Theagenes et Chariclea, traduite de grec en françois (par Amyot). *Lyon, Jean Huguetan*, 1589, in-16, demi-rel.

428. Les Amours d'Ismène et d'Ismenias (par de Beauchamps). *La Haye*, 1743, in-12, fig. v. m. fil.

429. J. Barclaii Argenis. *Lugd. Batav., ex officina Elzeviriana*, 1630, pet. in-12, titre gr., vélin.

430. Les Amours de Poliarque et d'Argenis, de J. Barclay, mis en français par P. de Marcassus. *Paris, Nic. Buon*, 1622, in-8, titre grav., vél. (*Taché.*)

ROMANS FRANÇAIS

Romans de divers genres.

431. Histoire de Gerard, comte de Nevers et de Rethel, et de Euriant de Savoye, sa mye (par Gibert de Montreuil, publ. par Gueulette). *Paris, Seb. Ravenel, s. d.*, 2 part. en 1 vol. pet. in-8, v. m.

432. Histoire pitoyable du prince Erastus, fils de Dioclétien, empereur de Rome. *Paris, Nicolas Bonfons*, 1587, in-16, bas.

433. Les Avantures de Lidior, par le sieur de Nerveze. *Paris, Anthoine du Breuil*, 1610, in-12, vél. (*Mouillé.*)

434. La Cléopâtre (par de Coste de la Calprenède), *suivant la copie imprimée à Paris. Leyde, Jean Sambix* (*Elzevir*), 1648-1658, 12 vol. pet. in-8, v. m. fil. (*Aux armes de Pinto.*)

435. Relation véritable de ce qui s'est passé au royaume de Sophie, depuis les troubles excitez par la rhetorique et l'éloquence. *Paris, Ch. de Sercy*, 1659. — Ouvrages poétiques de Levasseur. *Paris, Ch. de Sercy*, 1655, in-12, v. br.

436. La Princesse de Montpensier (par Mme de la Fayette). *Paris, Charles Osmont*, 1681, in-12, v. br.

437. Le Journal amoureux (par Mme de Villedieu). *Paris, Cl. Barbin*, 1670, pet. in-12, v. br.

438. La Terre australe connue, c'est-à-dire la description de ce pays inconnu jusqu'ici, de ses mœurs et de ses coutumes, par Sadeur, avec les avantures de l'auteur ; réduittes et mises en lumière par G. de F. (Gabr. de Foigny). *Vannes, Jacques Verneuil*, 1676, pet. in-12, bas. (*Piq. de vers.*)

Edition rare.

439. Le Comte d'Essex, histoire angloise. *Lyon, Thom. Amaulry*, 1678, 2 tomes. — Avantures galantes et divertissantes du duc de Roquelaure, ou le Momus françois. *Amsterdam, veuve Desbordes*, 1727, frontisp. et portr., pet. in-12, bas.

440. Ibrahim Bassa de Bude, nouvelle galante. *Cologne, P. Marteau* (*Holl.*), 1686, pet. in-12, vél.

441. Journal amoureux de la cour de Vienne. *Cologne, Pierre Marteau*, 1690, pet. in-12, v. br.

442. Memoires de Mme la marquise de Fresne (par Sandras de Courtilz). *Amsterdam, J. Malherbe*, 1701, in-12, port. et fig. v. gr.

443. Le Diable boiteux, par Lesage. *Amsterdam, Pierre Mortier*, 1757, 2 vol. in-12, frontisp. et fig., v. m.

444. Nouveau Recueil contenant la vie, les amours, les infortunes et les lettres d'Abailard et d'Héloïse, trad. par Rémond des Cours; les lettres d'une Religieuse portugaise et du chevalier ***; celles de Cleante et Belise (la présidente Ferrand et le baron de Breteuil). *Bruxelles, Fr. Foppens*, 1714, in-12, v. gr.

445. L'Opera de La Haye, histoire instructive et galante. *Cologne, chez les héritiers de Pierre le Sincère*, 1706, in-12, cart. (*Mouillé.*)

446. Le Temple de Gnide (par Montesquieu). *Paris, Si-*

mart, 1725, éd. orig. — Les Amours d'Ismène et d'Isménia (trad. du grec) par de Beauchamps. *Paris,* 1729, en 1 vol. in-12, v. br.

447. Mémoires secrets pour servir à l'histoire de Perse, de France, sous Louis XV), (par Pecquet). *Amsterdam,* 1746, in-8, v. m. fil.

448. Psaphion, ou la courtisane de Smirne, fragment érotique traduit du grec de Mnaseas. *Londres, Thomson,* 1749. — Vénus la populaire, ou apologie des maisons de joye, trad. de l'anglois. *Londres, A. Moore,* 1727, pet. in-8, dem.-rel. bas.

449. Angola, histoire indienne (par le chevalier de la Morlière). *A Agra,* 1770, 2 part. en 1 vol., in-18, fig. bas.

450. Les Egarements de l'amour, ou lettres de Faneli et de Milfort, par Imbert. *Amsterdam,* 1776, 2 vol. in-8. gr. pap., fig. de Moreau, br.

451. Alcandre, ou essai sur le cloître; suivi de quelques pièces fugitives, par un jeune solitaire. *Au Mont Athos, et se trouve à Paris chez la veuve Duchesne,* 1785, in-18, br.

452. La Paysanne pervertie ou les dangers de la ville, histoire d'Ursule R..., sœur d'Edmond le Paysan, mise au jour d'après les véritables lettres des personnages (par Rétif de la Bretonne). *La Haye, et Paris, veuve Duchesne,* 1786, 4 vol. pet. in-8, fig., br.

453. — Voyage autour de ma Chambre, par M. le c. X... (Xavier de Maistre). *Paris, Dufart,* an VII, in-18. dem.-rel., chag. viol.

Contes et Nouvelles.

454. L'Heptameron, ou histoires des amans fortunez des Nouvelles de Marguerite de Valois, royne de Navarre, remis en son vray ordre, par Claude Gruget, Parisien. *Sur l'imprimé à Paris, Jacques Bessin,* 1615, in-12, vél. (*Taché d'humidité.*)

455. Les Heures perdues d'un cavalier françois. *Paris, Estienne Maucroy,* 1662, in-12, rel. en vél. (*Aux armes de France.*)

456. Les Diversitez galantes contenant les Soirées des auberges, l'Apoticaire de qualité, l'Aventure de l'hostellerie, le Mariage de Belfegore, etc., nouvelles (par de Villiers, comédien). *Paris, G. Quinet*, 1665, 2 part. en 1 vol. in-12, frontisp. gr., cart.

Volume curieux. Outre les pièces indiquées sur le titre, le recueil contient *la responce à l'Impromptu de Versailles, ou la vengeance des marquis et la lettre sur les affaires du théâtre*, pièces dans lesquelles on trouve des détails sur Molière. Il y a des lacunes dans la pagination de la 2e partie, mais le volume paraît complet.

457. Entretiens sur les contes de fées et sur quelques autres ouvrages du temps (par l'abbé de Villiers). *Paris, J. Colombat*, 1699, in-12, v. br.

458. Le Puits de la vérité, nouvelle gauloise (par Rivière du Fresny). *Suiv. la copie imp. à Paris, Amsterdam, H. Desbordes*, 1699, in-12, bas.

459. Nouvelles espagnoles, par madame d'Aulnoy. *La Haye, Vtwerf*, 1693, 2 vol. pet. in-12, v. f.

460. La Curiosité dangereuse, nouvelle galante, par Braydore (Roberday). *Paris*, 1698. — Les Yeux, ouvrage curieux et galant. *Cologne*, 1715. — Le Miroir des envieux, poëme héroïque, satirique et moral, avec le Portrait des avares, autre poëme moral, par N. M. d'Eireval. *Helmstad*, 1715, in-8, cart.

461. Anecdotes galantes, ou le Moraliste à la mode, par M. J. Ha... (Joseph Hacot). *Francfort et Leipsic*, 1760, pet. in-12, non rel.

462. Nouvelles monacales, ou les Aventures divertissantes de frère Maurice, publiées par le sieur D... *Cologne, Pierre Marteau junior*, 1775, in-12, br. non rog.

Romans italiens et espagnols.

463. Le Tableau des riches inventions couvertes du voile des feintes amoureuses, qui sont représentées dans le songe de Poliphile... par Beroalde (de Verville). *Paris, Math. Guillemot*, 1600, in-4, titre grav. et historié, fig. sur bois, v. br.

464. Ameto, over comedia delle nimphe fiorentine, compilata da messer Giovani Boccacci. *Venetia, Nic. Zopino*, 1524, pet. in-8, cart.

465. La Fiammette amoureuse de M. Jean Boccace, faicte françoise (par Gabr. Chappuis) et italienne. *Paris, Matth. Guillemot*, 1609, in-12, v. f. fil. (*Aux armes de madame de Pompadour.*)

Une forte piqûre de vers.

466. Fortunatus Siculus, ossia l'Avventuroso Siciliano di Busone da Gubbio, romanzo storico scritto nel M CCC XI ed ora per la prima volta pubblicato da Nott. *Firenze*, 1832, in-8, br.

467. Les facécieuses Nuicts du seigneur Jean-François Straparole, avec les fables et enigmes, racontées par deux jeunes gentilhommes et dix demoiselles, traduites d'italien en françois par Jean Louveau (et La Rivey). *Lyon, Benoist Rigaud*, 1596, 2 tom. en 1 vol. in-16, v. br.

468. Le otto Giornate del Fuggilozio di Tomaso Costo, ove da otto gentilhuomini e due donne si ragiona delle malizie di femine e trascuragini di mariti, etc... *In Venetia*, 1620, pet. in-8, cart.

469. Racconti Storici di Giam. Battista Bazzoni. *Milano*, 1832, in-12, fig. demi-rel. vél.

470. Avantures amoureuses de Luzman, chevalier espagnol, et d'Arbolea sa maistresse, mis d'espagnol en françois (par Gab. Chappuis, Tourangeau). *Rouen, Théod. Reinsart*, 1598, in-12, vél.

471. Histoire facetieuse du fameux drille Lazarille de Tormes. *Lyon, Jean Viret*, 1697. — Mémoire des admirables secrets (de médecine) de Diego Lampatho. *Lyon*, 1697, en 1 vol. in-12, fig., bas.

472. Histoire de l'admirable Don Guzman d'Alfarache (trad. de l'espagnol de P. M. Aleman par G. Bremond). *Bruxelles, Georges de Backer*, 1705, 2 vol. in-12, 2 frontisp., fig. d'Harrewyne, v. br.

473. Historia tragicomica de don Henrique de Castro; compuesta por don Francisco Loubayssin de la Marca. *En Paris, Matias Guillemot*, 1617, in-8, vél. plats orn., tr. dor.

474. Les Œuvres de Quevedo, traduction nouvelle. *Paris, Jean Cochart*, 1664, 2 vol. in-12, frontisp., v. m.

FACÉTIES

475. Joci (And. Arnaudi et Margarita Guirandi). G. (Guilelmo) Du V. (Vair). Senatus aquensis principi. *Avenioni, Jac. Bramereau*, 1600, pet. in-12, vél.

476. Democritus ridens sive campus recreationum honestarum cum exorcismo melancholiæ. *Gedani, apud Ægidium Janssonium*, 1701, pet. in-12, dem.-rel. v. m.

477. Les Bigarrures du seigneur Des Accordz (premier livre). *Paris, Jehan Richer*, 1583, in-16, vél. (*Piqûres de vers.*)

478. Les Bigarrures du seigneur Des Accords (premier livre). *Poitiers, Jean Bauchu*, 1606, in-16, cart. (*Taché.*)

479. Les Bigarrures et touches du seigneur Des Accords, avec les apophtegmes du sieur Gaulard, et les escraignes dijonnoises. *Rouen, Louys du Mesnil*, 1635, in-8, vél.

480. Le Courrier facétieux, ou Recueil des meilleures rencontres de ce temps. *Lyon, Claude La Rivière*, 1653, in-8, dem.-rel. mar. n. (*Taché, titre raccommodé.*)

481. Livre sans nom, divisé en cinq dialogues, par Bordelon. *Paris, Michel Brunet*, 1695, in-12, frontisp., v. f. fil. tr. dor.

482. Diversitez curieuses, pour servir de récréation à l'esprit, par Bordelon. *Paris, Urbain Coustelier*, 1694, 3 parties.—Deux Dissertations préliminaires pour une nouvelle histoire de France, par le P. Daniel. *Paris, Simon Bernard*, 1696, in-12, v. f.

483. Diversitez nouvelles, par Bordelon. *Paris, Urbain Coustelier*, 1696, in-12, v. br. — La Langue (par le meme). *Paris*, 1705, in-12, v. f.

484. Les Malades de belle humeur, ou lettres divertissantes écrites de Chaudray, par Bordelon. *Paris, Michel Brunet*, 1697, in-12, v. gr.

485. Le Voyage forcé de Becafort hypocondriaque, qui s'imagine être indispensablement obligé de dire ou d'écrire sans aucun égard tout ce qu'il pense des

autres et de luy-même, par Bordelon. *Paris, J. Musier*, 1709, in-12, v. gr.

486. La Coterie des anti-façonniers établie dans L. C. J. D. B. L. S., par Bordelon. *Amsterdam*, 1716, pet. in-12, v. br.

487. Les Coudées franches, ouvrage satyrique et curieux sur plusieurs matières, par Bordelon. *Paris, Pierre Prault*, 1723, 2 portr. en 1 vol., in-12, v. br.

488. L'Histoire des imaginations extravagantes de monsieur Oufle, causées par la lecture des livres qui traitent de la magie, du grimoire, des démoniaques, sorciers, etc., par Bordelon. *Amsterdam, Etienne Roger*, 1710, 2 tom. en 1 vol. in-12, fig. vél.

489. Mémoires pour servir à l'histoire de la Calotte. *Basle, chez les héritiers de Brandmillet*, 2 part. en 1 vol. in-12, v. j.

490. Mémoires de l'Académie des Colporteurs (par le comte de Caylus). *S. l., Paris*, 1748, in-12, fig. v. éc. (*Signature de du Mersan sur le titre.*)

491. Les Etrennes de la Saint-Jean, par le comte de Caylus et autres. *Troyes, veuve Oudot*, 1757, in-12, portr., bas.

492. Le Livre à la mode, par Caraccioli. *A Verte-Feuille, de l'imp. du Printemps, l'année nouvelle*. — Le Livre à la mode, nouvelle édition, marquetée, polie et vernissée. *En Europe* (*Paris*), 100070060 (1760), pet. in-8, imp. en vert et en rouge, br.

493. Eloge prononcé par la Folie devant les habitants des Petites-Maisons. *Avignon*, 1761, pet. in-8, mar. r. tr. dor. (*Rel. anc.*)

On y trouve le récit des folies du marquis de Brunoy.

494. Le Fond du sac, ou restant des Babioles de M. X..., membre éveillé de l'Académie des dormans (par Félix Nogaret). *Venise* (*Paris, Cazin*), 1780, 2 vol. in-18, br. n. rogn.

495. Bibliotheca scatologica, ou catalogue raisonné des livres traitant des vertus, faits et gestes de messire Luc (à rebours), seigneur de la Chaise et autres lieux, par trois savants en us (MM. Payen, Jannet et Veinant). *Scatopolis* (*Paris*), 1850, in-8, br.

496. Les Mondes célestes, terrestres et infernaux, tirez des œuvres de Doni, par Gabriel Chappuis. *Lyon, Barth. Honorati,* 1578, pet. in-8, fig. v. m.

497. La Sage-Folie, fontaine d'allégresse, mère des plaisirs, reyne des belles humeurs, traduite en françois de l'italien d'Anthoine Marie Spelte, par L. Garon. *Rouen, Jacques Caillové,* 1635, in-12, mar. v. jans. tr. d'or. (*Rel. anc.*)

498. La Sage-Folie, fontaine d'allégresse, mère des plaisirs, reyne des belles humeurs, faite italienne par Ant. Marie Spelte, et traduite en françois par L. Garon. La delectable Folie, par les mêmes. *Lyon, Claude Larjot,* 1628, 2 vol. in-12, frontisp., cart.

499. L'Eloge de la Folie, composé par Erasme, traduit par Gueudeville. *Leide, van der Aa,* 1713, in-12, portr., front. et fig. d'Holbein, v. gr.

500. Harangues burlesques sur la vie et sur la mort de divers animaux. *Paris, Ant. de Sommaville,* 1651, in-8, vél. (*Quelques mouillures.*)

501. Histoire des Rats, pour servir à l'histoire universelle (par de Sigrais). *Ratopolis,* 1737, in-8, frontisp. broch.

502. Les Intrigues du cabinet des Rats, apologue national, destiné à l'instruction de la jeunesse et à l'amusement des vieillards, ouvrage traduit de l'allemand (de Woss). *Paris, Le Roi,* 1787, in-8, fig. à mi-page, br. non rog.

503. Mémoires de l'Académie des sciences, inscriptions, belles-lettres, beaux-arts, etc..., ci-devant établie à Troyes (par Grosley et Lefèvre). *S. l.,* 1768, in-12, bas.

504. La Capuchonnade, ou mémoire sur l'excellence et les prérogatives du capuce, par frère Clément, religieux picpus de la communauté de Marseille (contre le provincial du couvent de la Guillotière). *La Guillotière,* 1760, pet. in-8 de 110 p., br. r.

505. Histoire critique des Coqueluchons (par D. Cajat). *Cologne,* 1762, in-12, v. m.

506. La Cacomonade, ou histoire politique et philosophique du mal de Naples, par Simon N. H. Linguet,

Cologne et Paris, 1797. — Les Amours d'Hypparchie et Cratès, philosophes cyniques, histoire grecque. *Athènes et Paris*, 1795, in-12, bas.

507. Les Arrêts d'amours, avec l'Amant rendu cordelier, à l'observance d'amour, par Martial d'Auvergne, accompagnés des commentaires juridiques et joyeux de Benoit de Court (publié par Lenglet Du Fresnoy). *Amsterdam, F. Changuion*, 1731, 1 tome en 2 vol. in-12, v. marbré.

508. Discours de l'honneste amour, sur le Banquet de Platon, par Marsile Ficin, traduit de toscan en françois, par Guy Le Fèvre de la Boderie, avec un traité de L. Picus Mirandulanus sur le mesme subject (trad. par Gabr. Chapuis). *Paris, L. Breyel*, 1588, in-8, v. br.

509. Baptistæ C. Fulgosi anteros. *Impressum Mediolani, per Leonardum Pachel*, 1496, in-4, frontisp. grav. sur bois, vél.

510. Dialogo en laude de las mugeres, intitulando Ginæcepænos, diviso en V partes; interloqutores Philalites, y Philodoxo. Compuesto por Joan de Spinosa. *Impresso en Milan en la officina de Mich. Tini*, 1580, in-4, portr. sur bois, vél.

511. Petit Traité de l'amour des femmes pour les sots (par de Champcenetz). *Bagatelle*, 1788. — Petit commentaire sur le titre de la petite brochure : Petit Traité de l'amour des femmes pour les sots. *Saint-Lazare* (1788). — Le Voyage curieux et sentimental, contenant : 1° Le voyage de Chantilly et d'Erménonville; 2° le voyage aux isles Borromée, par le citoyen Damin. *Toulouse, D. Manavit*, an VIII. — Et 2 autres pièces. — En 1 vol. in-8, cart. non rog.

PHILOLOGIE

Critiques, Satires, Proverbes, Ana, Emblèmes.

512. Auli Gelii Noctes atticæ. *Venetiis, per And. Jacobi Catharensem*, 1477, in-fol., vél.

513. Auli Gelii Noctium atticarum libri XX, cum notis

et emendationibus Gronovii. *Lugduni Batav.*, 1706, in-4, frontisp. vél. cordé.

514. Les Nuits attiques d'Aulu-Gelle, traduites par l'abbé de V... (de Verteuil). *Paris, Dorez*, 1776, 3 vol. in-12, v. m. fil. (*Aux armes de Boufflers.*)

515. Henr. Stephani schediasmatum variorum, id est, Observationum, emendationum, expositionum, disquisitionum, libri tres. *Excudebat H. Stephanus*, 1578, in-8, v. br. fil. plats ornés.

516. La Manière de bien penser dans les ouvrages d'esprit, dialogues (par le P. Bouhours). *Amsterdam, Pierre Mortier*, 1705, pet. in-12, non rog.

517. Variétés littéraires pour servir de suite aux Mélanges historiques, critiques de physique, de littérature et de poésie, par le marq. d'Orbessan. *Auch*, 1778, 2 vol. in-8, fig., v. f. fil.

518. Singularités historiques et littéraires, contenant plusieurs recherches, découvertes et éclaircissements sur un grand nombre de difficultés de l'histoire ancienne et moderne (par dom Liron). *Paris, Didot*, 1734, in-12, v. gr.

519. Mélanges d'histoire, de littérature, etc., tirés d'un portefeuille (publiés par Crawfurd, Ecossais). *S. l.*, 1809, in-4, gr. pap. vél., cart. non rog.

520. Essais sur la littérature française, écrits pour l'usage d'une dame étrangère (par Crawfurd, Ecossais). *S. l.*, 1803, 2 vol. in-4, gr. pap. vél., cart. non rog.

521. Cymbalum Mundi, ou Dialogues satyriques sur différents sujets, par Bonav. Des Périers, avec une lettre critique par Prosper Marchand. *Amsterdam et Leipzig, Arskstée et Merkus*, 1753, in-8, frontisp. et fig. de B. Picard, bas.

522. Histoire de Pierre de Montmaur (recueil de pièces satyriques publ.), par de Sallengre. *La Haye, Ch. van Lom*, 1715, 2 vol. in-8, frontisp. et fig., v. br.

523. Lettre de Clément Marot à Monsieur de ***, touchant l'arrivée de J.-B. de Lulli aux Champs-Elysées (par de Senecé). *Cologne, Pierre Marteau*, 1688, pet. in-12, v. br.

524. Le Chef-d'Œuvre d'un inconnu, poëme, par le docteur Chr. Matanasius (saint Hyacinthe), avec une dissertation sur Homère et sur Chapelain (par van Effen). *La Haye, Pierre Husson*, 1744, 2 vol. in-12, portr. v. m. (*Mouillé.*)

525. Michaelis Apostolii Parœmiæ, nunc demum, post epitomen basiliensem, integræ, cum Petri Pantini versione, ejusque et doctorum notis in lucem editæ. *Lugduni Batavorum, ex officina Elzeviriana*, 1619, in-4. v. br.

526. Les illustres Proverbes historiques. *Paris, Pierre David*, 1655, pet. in-12, vél.

527. Les Apophtegmes, c'est-à-dire promptz, subtilz, et sententieux dictz de plusieurs roys, chefs d'armes, philosophes, etc., par Macault. *Paris, Jehan Ruelle*, 1556, in-16, v. br.

528. Perroniana. *Hagæ Comitum*, 1669, in-12, v. br. — Naudæana et Patiniana, ou singularitez remarquables, prises des conversations de Naudé et de Patin. *Paris*, 1701, in-12, v. br. — Sorbieriana. *Tolosæ*, 1691, in-12, v. br. — Carpenteriana, Pensées historiques, critiques, etc., de Charpentier. *Amst.*, 1741, in-12, v. — Longueruana. *Berlin*, 1754, 2 part. en 1 vol.in-12, v. m.

529. Anti-Menagiana, où l'on cherche ces bons mots, cette morale, ces pensées judicieuses et tout ce que l'affiche du Menagiana nous a promis (par Jean Bernier). *Paris, L. d'Houry*, 1693, in-12, bas.

530. Feminæana, ou la langue et l'esprit des femmes, par Marc Antoine. *Paris, Devaux*, 1801, in-18, fig. bas. Mulierana, ou Recueil d'anecdotes sur le beau sexe. *Lille, s. d.*, in-32, br.

531. Grivoisiana, ou Recueil facétieux, par Martainville. *Paris*, 1807, in-18, br.

532. Jocrissiana, ou bons mols de Jocrisse. *Paris, Roux*, an IX; in-18, 1 fig. color., br.

533. Diverse imprese accommodate a diverse moralita... tratte dagli Emblemi dell'Alciato. *In Lione, da Mathias Bonhomme*, 1551, in-8, fig. et encadr. gr. sur bois.

534. Emblèmes d'Alciat, en latin et françois, vers pour vers. *Paris, Hiérosme de Marnef*, 1573, in-16, fig. sur bois, v. br. fil. à froid.

535. Ori Apollinis Niliaci, de sacris Ægyptiorum notis, Ægyptiace expressis, iconibus illustrati, et aucti. *Parisiis, apud Galeotum a Prato, et Joannem Ruellium*, 1574, in-8, jolies fig. sur bois, bas.

536. Pauli Maccii Emblemata. *Bononiæ*, 1628, in-4, titre grav. et 81 fig., vél.

537. Idea principis christiano politici, 101 symbolis expressa A. Didaco Saavedra. *Amstelodami, apud Joh. Janssonium*, 1659, pet. in-12, titre grav., fig. v. br.

538. Rolo, overo cento imprese degl' illustri sig[ri] huomini d'arme sanesi, militanti sotto'l reale stendardo del ser. Ferdinando de' Medici. *In Cologna, per Gio. Rossi*, 1591, in-4, fig. cart. dos de toile.

ÉPISTOLAIRES

539. Traité sur la manière d'écrire des lettres, et sur le cérémonial, avec un discours sur ce qu'on appelle usage dans la langue françoise, par Grimarest. *Paris, veuve Estienne*, 1735, in-12, v. br.

540. Les Epistres de Phalaris (trad. par Cl. Gruget) et d'Isocrate (trad. par L. de Matha), avec le manuel d'Epictète (trad. par Ant. du Moulin). *Anvers, Chr. Plantin*, 1558, pet. in-12, vél. (*Titre remonté.*)

541. C. Plinii secundi epistolarum libri x et panegyricus. *Lugd. Batavorum, ex officina Elsviriorum*, 1640, pet. in-12, demi-rel. bas.

542. C. Plinii Cæcilii secundi epistolæ et panegyricus. Marcus Zuerius Boxhornius recensuit. *Lugd. Batav., apud Joan. et Daniel. Elsevier*, 1653, pet. in-12, vél. (*Mouillé.*)

543. Q. Aurelii Symmachi epistolarum ad diversos libri decem, cura et studio Fr. Jureti. *Parisiis, apud Nic. Chesneau*, 1580, in-4, vél.

544. Epistolia, dialogi breves, oratiunculæ, poema-

tia, etc. (gr. et lat.). *Anno* 1577. *excudebat H. Stephanus*, pet. in-8, v. m.

545. Viri illustris. Jacobi Bongarsi epistolæ. *Lugduni Batav., ex officina Elzeviriorum*, 1647, pet. in-12, vél.

546. Dominici Baudii epistolarum centuriæ tres; accedunt ejusdem orationes. *Lugduni Batav., excudebat Georg. van der Marse* (*Elzév.*), 1636, in-12, port. vél.

Exemplaire très-bien conservé.

547. Hugonis Grotii epistolæ ad Gallos. *Lugd. Batav., ex officina Elseviriorum*, 1650, pet. in-12, vél.

548. Jacobi Mosanti Briosii epistolæ. *Cadomi, apud Joh. Cavelier*, 1670, in-8, v. br.

549. Marquardi Gudii et doctorum virorum ad eum epistolæ, et Claudii Sarravii epistolæ, curante Petro Burmanno. *Ultrajecti, apud Franc. Halmam*, 1697, in-4, vél.

550. Lettres choisies du sieur de Balzac. *Paris, Aug. Courbé*, 1647, in-8, cart.

551. Lettres panegyriques au roy, aux princes du sang, autres princes, ducs, pairs et officiers de la couronne, etc., par le sieur de Rangouze. *Paris, imprimé aux dépens de l'autheur*, 1650, 6 part. en 1 vol. in-8, vél.

552. Amitiez, amours et amourettes, par Le Pays. *Amsterdam, Wolfgang*, 1668. — Portrait de l'auteur des amitiez, amours et amourettes (par le même). *Amsterdam Wolfgang*, 1668, pet. in-12, frontisp., demi-rel. vél. (*Mouillé.*) — Les nouvelles Œuvres de monsieur Le Pays. *Amsterdam, Wolfgank*, 1674, 2 part. en 1 vol. pet. in-12, frontisp., vél.

553. Lettres nouvelles de Boursault, accompagnées de fables, de contes, d'épigrammes, de remarques, de bons mots. Avec treize lettres amoureuses d'une dame à un cavalier. *Paris, Nicolas le Breton*, 1722, 3 vol. in-12, v. br.

554. Lettres de Armand-Jean Le Bouthillier de Rancé, abbé et réformateur de la Trappe, recueillies et publiées par B. Gonod. *Paris, Amyot*, 1846, in-8, demi-rel. v. f.

555. Lettre de Fénélon à Louis XIV. *Paris, Ant. Aug. Renouard*, 1825, br. in-8, avec fac-simile. — Lettres

inédites de Fénélon au maréchal et à la maréchale de Noailles. *Paris, Le Clerc*, 1829, br. in-8, avec plusieurs fac-simile.

556. Lettres écrites de la montagne, par J.-J. Rousseau. *Amsterdam, Marc. Michel Rey*, 1764, in-12, br. (*Mouillé.*)

Edition originale.

557. Lettres sur les ouvrages et le caractère de J.-J. Rousseau, par Mme de Staël. *Paris, Ch. Pougens*, an VI (1798), br. in-8. — Lettres sur les *Confessions* de J.-J. Rousseau, par M. Ginguené. *Paris, Barrois l'aîné*, 1791, in-8, br. — Confessions de J.-J. Rousseau; noms qui ne sont indiqués que par des lettres initiales dans les éditions imprimées. Morceaux inédits ou différences qui se trouvent entre le manuscrit offert à la Convention, par Thérèse Levasseur, et les éditions de Rousseau. *Paris, Vincent Lebreton, s. d.*, in-12, br.

558. Pensées d'un esprit droit, et Sentimens d'un cœur vertueux, par J.-J. Rousseau. *Paris, Fournier-Favreux*, 1826, in-8, br. — Lettre de J.-J. Rousseau à M. de Scheyb. *Paris*, 1814.— Lettre inédite de J.-J. Rousseau (au comte de Sainte-Aldegonde), avec un fac-simile. *Paris*, 1832. — Supplément indispensable aux éditions de J.-J. Rousseau, par J.-S. Quesné. *Paris*, 1844.— En tout 4 broch. in-8.

559. Lettres de plusieurs savans tirées de manuscrits autographes, ouvrage traduit de l'italien, par C. Brack, *Gênes, J. Giossi*, 1808, in-8, br. n. rog.

560. Lettere di illustri litterati scritte alla celebra poetassa Paolina Grismondi nata contessa Secco-Suardo fra le arcadi Lesbia Cidonia. *Bergamo*, 1833, br. in-8.

Avec une lettre autographe de l'éditeur Labus.

561. Cartas de Antonio Perez, secretario di estado, que fue del rey catholico D. Philippe II. *Paris, s. d.* (vers 1600), in-8, mar. r. tr. dor. (*Rel. anc.*)

562. Epistolas familiares de don Antonio de Guevara. *En Anveres, Martin Nucio*, 1603, in-8, 2 part. en 1 vol. in-8, vél.

563. Les Epistres dorées, et discours salutaires de don Antoine de Guevare, traduictes d'espagnol en françois, par le seigneur de Gutterry. *Paris, Cl. Gautier*, 1573, 3 livres en 1 vol. in-8, vél.

564. Lettres et responses portugaises, traduites en françois. *Paris, Claude Barbin*, 1670, pet. in-12, vél.

Dixième édition.

565. The Correspondance of Richard Bentley, master of Trinity college, Cambridge. *London, Joh. Muray*, 1842, 2 vol. in-8, percaline, n. rog.

HISTOIRE

INTRODUCTION. — GÉOGRAPHIE. — VOYAGES.

566. Traitté des différentes sortes de preuves qui servent à établir la vérité de l'histoire, par le R. P. Henri Griffet. *Liége, Bassompierre*, 1769, in-12, bas.

567. Précis d'une dissertation sur les mesures des anciens, par Dav. Leroy. *Paris*, an IX. — Mémoire sur le Mœris, par le même. *Paris, Stoupe*, an X, in-8, cart.

568. L'universale Fabrica del mondo, overo Cosmografia di M. Gio. Lorenzo d'Anania, divisa in quattro trattati. *In Venetia, appresso Jacomo Vidali*, 1576, in-4, vél.

569. Voyage de Néarque, des bouches de l'Indus jusqu'à l'Euphrate, ou journal de l'expédition de la flotte d'Alexandre, traduit de l'anglois de William Vincent, par J. Billecocq. *Paris, Maradan*, 1800, in-4, portr. d'Alexandre, cartes, dem.-rel. bas.

570. Atlas royal de France et de ses frontières publié par Cassini. *Paris*, 1766, 2 vol. grand in-fol., v. m. (*Armes.*)

571. Observations faites dans les Pyrénées pour servir de suite à des observations sur les Alpes (par Ramond, depuis préfet du Puy-de-Dôme). *Paris, Belin*, 1789, in-8, pl. bas.

572. Voyage critique à l'Etna, en 1819, par J. A. de Gourbillon. *Paris*, 1820, 2 vol. in-8, pap. vél. br.

573. Les Voyages du seigneur de Villamont à Jérusalem, divisez en trois livres. *Lyon, Cl. Larjot*, 1614, in-12, vél.

HISTOIRE UNIVERSELLE.

574. Philippi Labbæi Biturici Chronologia historica. *Parisiis, Typogr. regia*, 1670, 5 vol. pet. in-fol., v. f. (*Exemplaire de Soubise.*)

575. Tablettes chronologiques de l'histoire universelle, sacrée et profane, ecclésiastique et civile, depuis la création du monde jusqu'à l'an 1775, par l'abbé Lenglet du Fresnoy. *Paris, les frères De Bure*, 1778, 2 vol. in-8, br.

576. Les Histoires et Chroniques du monde, tirées tant de Jean Zonaras que de plusieurs autres scripteurs hébreux et grecs et mises en langage françois, par J. de Maumont, disposées en trois livres. *Paris, Jean Parent*, 1583, in-fol., v. f.

577. J. Sleidani de quatuor monarchiis libri tres, cum notis H. Meibomii et G. Horni. *Lugd. Batav., apud F. Lopez de Haro*, 1669, pet. in-12, vél.

578. Discours sur l'histoire universelle, par Bossuet. *Suivant la copie imprimée à Paris, chez Seb. Mabre-Cramoisy* (*Holl.*), 1681, in-12, bas.

Edition rare qui se joint à la collection des Elzévier.

HISTOIRE DU CHRISTIANISME

Histoire ecclésiastique de divers pays.

579. Sulpiti Severi sacra Historia, continuata Johannis Sleydani. *Lugd. Batav., ex officina Bonav. et Abr. Elzeviriana*, 1626, in-8, vél.

580. Jacobi Usserii Annalis Veteris et Novi Testamenti

cura et studio A. Lubin. *Bremæ, impensis Hermanni. Braueri*, 1686, in-fol. v. br. (*Taché.*)

581. Note alphabétique des archevêchés, évêchés, chapitres et collégiales qui ont existé en France jusqu'à la révolution en 1790. Extrait du dictionnaire raisonné du gouvernement, des lois, des usages et de la discipline de l'église de France, par A. E. N. O. Fantin, vicaire général d'Embrun. *Paris*, 1788, *écrit par P. F. J. Nis*, en 1822, in-8, cart.

582. Table raisonnée et alphabétique des Nouvelles ecclésiastiques, depuis 1728 jusqu'en 1760 inclusivement, par de Bonnemare. *S. l., Paris*, 1767, 2 vol. in-4, v. br.

583. Harangue des habitans de la paroisse de Sarcelles, au roy (par Nic. Jouin). *Aix, J.-B. Girard*, 1733. — Les deux harangues des habitans de la paroisse de Sarcelles à Mgr l'archevêque de Paris, par le même, et Philotanus, poëme, par Grécourt. *Aix, J.-B. Girard*, 1731, en 1 vol. in-12, front. gr. v. br.

En patois des environs de Paris.

584. Relation des refus de sacremens sous lesquels les religieuses du monastère de S. Charles d'Orléans gémissent depuis plus de 33 ans et celles de l'abbaye de S. Loup depuis plus de 28 ans. *La Haye, Neaulme*, 1756. — Recueil des pièces justificatives qui n'ont pu être insérées dans la relation. — En 1 vol. in-12, bas.

585. Du Rétablissement des églises en France à l'occasion de la réédification projetée de celle de Saint-Martin de Tours, par L. V. M. J. Jacquet-Delahaye-Avrouin, avocat. *Paris, A. Egron*, 1822, in-4, avec pl., br.

586. Historia de Rebus ecclesiæ Ultrajectentis, a tempore mutatæ religionis in fœderato Belgio... *Coloniæ Agrippinæ, apud Gulielm. Metternich*, 1725, pet. in-fol., v. br.

587. De Episcopatus trajectensi, episcorum regumque Franciæ iis cœvorum chronologia, et populis diœcesi illi subjectis, diatriba God. Henschenii. *Antuerpiæ*, 1653, in-4, vél.

Exemplaire de Guichenon, avec sa signature sur le titre, et celle de J. Boileau à la fin.

588. I Sommi Pontefici, cardinali, patriarchi, arcivescovi,

evescovi Bolognesi da gl' anni CC LXX, fin'al MDCXXI: di Gio. Nicolò Pasquali Alidosi. *In Bologna, Nicolò Tebaldini*, 1621, in-4, réglé, blas., br. non rog.

589. Thuringia sacra, sive historia monasteriorum, quæ olim in Thuringia floruerunt; accedunt Samuel Reyheri monumenta landgraviorum Thuringiæ et marchionum Misniæ. *Francofurti*, 1737, in-fol., fig., demi-rel. bas. n. rog.

Histoire des Papes et des Cardinaux.

590. Monumenta dominationis pontificiæ, sive codex carolianus juxta autogr. Vindobon. Epistolæ Leonis III, Carolo Augusto: diplomata Ludovici, Ottonis et Henrici, chartulæ comitis Mathildæ et codex Rodulphinus, opera et studio Cajet. Cenni. *Romæ, Nic. et M. Palearini*, 1760, 2 vol. in-4, demi-rel., mar. v.

591. Origine de la grandeur de la cour de Rome, et de la nomination aux évêchés et aux abbaïes de France, par l'abbé de Vertot. *Lausanne, Bousquet*, 1745, in-12, v. m.

592. Histoire du pontificat d'Eugène III, par dom Jean Delannes, biblioth. de l'abbaye de Clairvaux. *Nancy, P. Antoine*, 1737, in-8, v. m.

593. La Vita di Cesare Borgia, detto poi il duca Valentino, descritta da Tomaso Tomasi. *In Monte Chiaro, appresso Gio. Bapt. Vero* (*Elzev.*), 1671, pet. in-12, v. br. (*Mouillé*.)

594. Delle Allusioni, imprese et emblemi del sig. principio Fabricii da Teramo sopra la vita, opere et attioni di Gregorio XIII, pont. massimo. *In Roma, appresso Bartol. Grassi*, 1588, in-4, titre grav., fig., vél. (*Mouillé*.)

Avec 221 figures d'emblème très-bien gravées en taille-douce.

595. Relation de la cour de Rome, faite en l'an 1661, au conseil du Pregadi, par Angelo Corraro. *Leide, Almarigo Lorens* (Elzevier), 1663, pet. in-12, v. br.

596. Storia de' solenni possessi de' Sommi Pontifici, detti anticamente processi, o processioni, dopo la loro coronazione nella basilica Vaticana, da Francesco Cancellieri. *In Roma, Luigi Lazzarini*, 1802, in-4, cart. non rog.

597. Francisci Cancellieri de secretariis basilicæ Vaticanæ veteris et novæ : præmittur syntagma de secretariis ethnicorum et veterum christianorum, cum sylloge veter. monumentorum. *Romæ*, 1786, 4 vol. in-4, fig., bas.

Ouvrage estimé.

598. Traitté de l'origine des cardinaux du Saint-Siége, et particulièrement des François, avec deux traittez curieux des legats *à latere* (par G. du Peyrat). *Cologne, Pierre Ab. Egmont* (*Holl., Elzev.*), 1665, in-12, v. br.

599. Histoire des Conclaves, depuis Clément V, jusqu'à présent (par Vanel). *Cologne*, 1698, 2 tom. en 1 vol., in-8, front. et fig., vél.

Histoire des Ordres religieux. — Vies des saints, etc.

600. L'Apocalypse de Meliton ou Révélation des mystères cénobitiques. *A Saint-Léger, Noël et Jacques Chartier* (*Holl., Elzev.*), 1668, pet. in-12, frontisp., v. br.

601. Apologie de la mission de saint Maur, apostre des bénédictins en France, par dom Thierry Ruinart, avec une addition touchant saint Placide. *Paris, Pierre de Bats*, 1702, in-8, plan, v. br.

602. Vie de Rancé, par M. de Chateaubriand. *Paris, H. L. Delloye, s. d.*, in-8, br.

Première édition où l'on remarque cette singulière dédicace, qui a été supprimée dans la seconde : « A la mémoire de l'abbé Seguin. . . mort à Paris. . . le 19 avril 1843, son très-humble et très-obéissant serviteur, CHATEAUBRIAND. »

603. Dissertation apologetique pour le bienheureux Robert d'Arbrisselles, fondateur de l'ordre de Fontevrault, sur ce qu'en a dit M. Bayle (par le P. de Soris). *Anvers* (*Amiens*), *Henr. Desbordes*, 1701, 2 part. en 1 vol. in-12, v. br., fil.

Les *Eclaircissements* et *Notes critiques*, publiés en 1702 et qui manquent souvent, sont dans cet exemplaire.

604. Recueil de pièces concernant les religieuses de Port-Royal des Champs, qui se sont soumises à l'Eglise. *Paris*, 1711, pet. in-12, demi-rel., v. ant.

605. La Vie des Fondateurs des maisons de retraite. M. de Kerlivio, le Père Vincent Huby, et Mlle de Fran-

cheville (par le P. Champion). *Nantes, J. Mareschal*, 1698, in-12, v. br.

606. Le Glorie immortali della religione di S. Stefano, tanto nell'armi quanto nelle lettere, date alla luce dal conte Aldigherio Fontana. *In Fano*, 1768, in-4, front. et portrait, dem.-rel. bas.

607. Octave de saint François de Sales..., où les plus beaux traits de la vie de ce saint évèque sont ordonnez en forme de panegyriques, par Nic. de Hauteville. *Paris, Fréd. Léonard*, 1668, in-8, vél.

608. La Vie de Monsieur Ragot, prestre, curé du Crucifix-au Mans, décédé en odeur de sainteté, le jeudy treizième may 1683. *Au Mans, Hiérome Olivier, s. d.*, in-12, v. br. (*Rare.*)

609. Tableau historique des principaux traits de la vie de M. Paris. *S. l. n. d.* (manque le titre.) — Tableau historique des principaux traits de la vie du bienheureux Jean Soanen, évêque de Senez. *S. l. n. d.* — Tableaux historiques de l'abbaye de Port-Royal des Champs. *S. l. n. d.*, en 1 vol. in-12, fig., demi-rel.

610. La Vérité des miracles opérés à l'intercession de M. de Paris et autres appellans, démontrée contre l'archevêque de Sens, par Carré de Montgeron, 1737, 2 vol. in-4, fig. v. m.

611. Relations de la conversion et de la mort édifiante de deux filles, l'une complice d'assassinat et exécutée à Paris, le 12 janvier 1737; l'autre coupable de vol et exécutée à Pithiviers dans l'Orléanais, le 3 janvier 1767. *Liége, et se trouve à Paris*, 1768, in-12, non rel.

612. Vaticana confessio beati Petri principis Apostolorum. Opera et studio Sthephani Borgiæ. *Romæ, ex typogr. sac. congreg. de Prop. Fide*, 1776, in-4, dem.-rel., mar. n. (*Légère mouillure.*)

613. Notice sur l'origine du culte de saint Sul, et du denier à Dieu, par M. Eloi Johanneau (et deux autres brochures du même auteur). *S. l. n. d.*, in-8, cart.

614. Mémoires pour servir à l'histoire de la fête des foux, par du Tilliot. *Lausanne*, 1751, pet. in-8, fig. br.

Histoire des hérésies.

615. Histoire critique de Manichée et du Manichéisme, par Beausobre. *Amsterdam, J. Fred. Bernard*, 1734, 2 vol. in-4, v. m.

616. Histoire de l'Arianisme, depuis sa naissance jusqu'à sa fin : avec l'origine de l'hérésie des Sociniens, par le P. L. Maimbourg. *Paris, Séb. Mabre-Cramoisy* (*Holl., à la Sphère*), 1682, 3 vol. pet. in 12, frontisp., vél.

617. Recueil de plusieurs personnes qui ont constamment enduré la mort, pour le nom du Seigneur, depuis Jean Wicleff jusques au temps présent, par Jean Crespin. *S. l.*, 1556, pet. in-16, bas.

618. Histoire du Luthéranisme, par le P. L. Maimbourg. *Suivant la copie imprimée à Paris*, 1681-1682, 2 tomes en 1 vol. pet. in-12, frontisp., vél.

619. D. J. Molani libri V. De Fide hæreticis servanda, tres, etc. *Coloniæ*, 1584. — De Joannis Calvini vita, per H. Bolsecum. *Coloniæ*, 1580. — De potestate pontificis et notis ecclesiæ per Joh. Delphium. *Coloniæ*, 1580. — Relectio Luterismi, qui se vel. et apostolicæ ecclesiæ nomine venditat, in admonitionem edita, authore G. Wicelio. *Coloniæ*, 1548, in-8, bas.

620. Critique générale de l'histoire du Calvinisme de M. Maimbourg (par Bayle). *Ville-Franche, Pierre Le Blanc*, 1684, 2 vol. — Nouvelles lettres de l'auteur de la critique générale de l'histoire du Calvinisme (par le même). *Ville-Franche, Pierre Le Blanc*, 1685, 2 vol. — En tout 4 vol. pet. in-12, v. f. fil.

621. Recueil de pièces sur la Franc-Maçonnerie, savoir : nouveau catéchisme des Francs-Maçons. *A Jérusalem, chez Pierre Mortier*, 1740, fig. — Pièces mêlées pour servir à l'histoire de la Maçonnerie. *S. l. n. d.* — Apologie de la félicité. *S. l.*, 1746. — Formulaire du cérémonial en usage dans l'ordre de la Félicité. *S. l.*, 1745. — Les moyens de monter au plus haut grade. *S. l. n. d.* — Manuel des Franches-Maçonnes, ou la vraie Maçonnerie d'adoption. *A Philadelphie*, 1786, in-12, dem.-rel.

622. L'Adoption, ou la Maçonnerie des femmes, en trois grades. *A la Fidélité, chez le Silence* (100070075), 1775, in-8, fig., cart. non rog.

HISTOIRE ANCIENNE

Histoire des Juifs, des Grecs et des Romains.

623. Caroli Sigonii de Republica Hebræorum libri VII... cum notis Joannis Nicolai. *Lugduni Batav., apud Cornel. Boutestein*, 1701, in-4, v. f., dos orné.

Exemplaire du président Ch. de Brosses.

624. Petri Cunæi de Republica Hebræorum libri tres; cum notis Joh. Nicolai. *Lugduni Batav., apud Henricum Teering*, 1703, in-4, rel. en vel., orn. à froid.

C'est la meilleure édition de cet ouvrage.

625. Les Mœurs des Israélites, par l'abbé Fleury. *Paris, veuve Gervais Clousier*, 1683, in-12, bas.

626. Josephi historiographi prologus in libros antiquitatum viginti incipit feliciter.—Josephi de Bello judaïco prologus in libros septem incipit feliciter. *Per Johannem Schüszler civem Augustensem impressit*, 1470, 2 tom. en 1 vol. gr. in-fol., rel. en peau de truie.

Première édition.

627. Le Secret et mystère des Juifz, faisant le commancement du premier livre du Recueil de Suidas, traduit du grec en vulgaire par François Le Fevre, natif de Bourges. *Paris, Jaques Kerver*, 1557, in-16, v. f., fil. orn. sur les plats. (*Rel. anc.*)

628. Considérations sur l'état des Juifs dans la société chrétienne, et particulièrement en Alsace, par Betting de Lancastel. *Strasbourg*, 1824, in-8, pap. vél. cart. n. rog.

629. Les Œuvres de Justin, contenant XLIIII livres tirez des histoires universelles de Trogue-Pompée; le tout mis en latin et en françois par N. du Mont. *Paris, Cl. Micard*, 1577, in-16, v. f. fil.

630. Quintus Curtius, de Rebus gestis Alexandri Magni, regis Macedonum, cum annotationibus Des. Erasmi Roterodami. *Parisiis, apud Simonem Colinæum*, 1533, in-8, mar. n. (*Rel anc.*)

631. Q. Curtii Rufi historiarum libri. *Lugd. Batavorum, ex officina Elzeviriana*, 1633, pet. in-12, frontisp. et fig. dem.-rel. bas.

632. Examen critique des anciens historiens d'Alexandre le Grand, 2e édition (par le baron de Sainte-Croix). *Paris, Delance*, 1804, in-4, cartes, cart. non rog.

633. Des anciens Gouvernemens fédératifs, et de la législation de Crète (par de Sainte-Croix). *Paris*, 1804, in-8, br.

634. Titi Livii historiarum libri ex recensione Heinsiana. *Lugd. Batav., ex officina Elzeviriana*, 1634, 3 vol. pet. in-12, vél.

635. L. Annæus Florus. Cl. Salmasius addidit Lucium Ampelium e cod. MS. nunquam antehac editum. *Lugd. Batav., apud Elzevirios*, 1638, pet. in-12, frontisp. vél.

636. Scriptores historiæ romanæ latini veteres, notis varior. illustrati, a Car. H. de Klettenberg et Wildeck in unum redacti corpus, edente B. C. Haurisio. *Heidelbergæ*, 1743-48, 3 vol. in-fol., v. m.

637. Appian, Alexandrin, historien grec. Des Guerres civiles des Romains. *Lion, Jean de Tournes*, 1557, in-16, vél. (*Mouillures.*)

638. C. J. Cæsaris Commentariorum de Bello gallico, libri VIII; de Bello civili pompeiano, libri IIII; de Bello alexandrino, liber I; de Bello africano, liber I; de Bello hispaniensi, liber I. *Venetiis, in ædibus Aldi* (M.D.XIII), in-8, 2 fig. sur bois et une carte color., dem.-rel. bas.

639. C. Julii Cæsaris quæ extant, ex emendatione J. Scaligeri. *Lugd. Batav., ex offic. Elzeviriana*, 1635, pet. in-12, dem.-rel. v. ant.

640. Commentaires de Jules César, de la Guerre de Gaule, traduitz par Robert Gaguin. *Lyon, Jean de Tournes*, 1545, in-16, fig. v. br.

641. Suetone Tranquile. De la Vie des XII Césars, tra-

duit par George de la Boutiere, Autunois. *Lyon, Jean de Tournes,* 1569, in-4, portraits en médaillons, non rel.

642. L'Histoire de Dion Cassius de Nycæ, translatée de grec en françois par Antoyne Canque, conseiller au siége présidial de Clermont. *Paris, Lucas Breyel,* 1588, in-8, cart.

643. Notitia utraque, cum Orientis, tum Occidentis ultra Arcadii Honorii quæ Cæsarum tempora... *Basileæ, apud Hieron. Probenium,* 1552, in-fol., nombr. fig. sur bois, cart.

HISTOIRE MODERNE

Histoire générale.

644. Uhrsprung der Europaeischen Reiche. *Augspurg, s. d.,* vers 1705, in-4, frontisp. et fig., bas. fil.

Origine des États de l'Europe. Trente planches en taille-douce, avec explication au dessous en allemand.

645. Histoire de la conqueste du royaume de Jérusalem sur les chrétiens par Saladin, traduite d'un ancien manuscrit (composée par Cabart de Villermont, publiée par Citri de la Guette). *Paris, Clouzier,* 1679, pet. in-12, dem.-rel.

646. Histoire de nostre tems, faicte en latin par Guill. Paradin, et par luy mesme en françois. *Paris, Gilles Gourbin,* 1555, pet. in-16, v. f.

647. Recueil historique, contenant diverses pièces curieuses de ce temps. *Cologne, Christophe van Dyck* (*Brux., Foppens*), 1666, pet. in-12, v. br.

648. Nouveaux intérêts des princes de l'Europe (par Sandras de Courtilz). *Cologne, Pierre Marteau,* 1688, in-12, br. non rog.

649. L'Oracle de ce siècle consulté par les souverains de la terre. *Londres,* 1743, pet. in-8, br. n. r.

650. Pacis annis 1814 et 1815, fœderatis armis restitutæ monumentum, orbis terrarum de fortuna reduce gaudia gentium linguis interpretans, principibus piis feli-

cibus, augustis, populisque victoribus, liberatoribus liberatis dicatum ; curante J. Aug. Barth. *Vratislaviæ*, 1818, in-fol., demi-rel.

Monument curieux de typographie, dans lequel la paix de 1814 et 1815 est célébrée en vers et en cent vingt-sept langues. La plupart des pages sont entourées de bordures coloriées.

651. Almanach de Gotha, années 1817 à 1849, 33 vol. in-18, fig. et portr., cart.

HISTOIRE DE FRANCE

Introduction. — Histoire de France sous divers règnes.

652. Introduction à la description de la France et au droit public de ce royaume, par Piganiol de la Force. *Paris, Théod. Legras*, 1752, 2 vol. in-12, v. m.

653. Plans des principales places de guerre et villes maritimes de France, par Lemau de la Jaisse. *Paris*, 1736, in-12. — Septième abrégé de la carte générale du militaire de France, sur terre et sur mer, jusqu'en décembre 1740, par Lemau de la Jaisse. *Paris, Prault*, 1741, in-8, v. m.

654. Traicté de l'origine, progrés et excellence du royaume et monarchie des Françoys, et couronne de France, composé par messire Charles Du Molin. *Lyon, à la Salemandre*, 1561, in-4, vél.

655. Mœurs et coutumes des François, dans les différens temps de la monarchie, par Louis Le Gendre. *Paris, Jacques Collombat*, 1712, in-12, v. br.

656. Mémoire dans lequel on cherche à déterminer quelle influence les mœurs des François ont sur leur santé, par M. Maret. *Amiens, veuve Godard*, 1762, in-12, br. non rog.

657. Histoire critique de l'établissement de la monarchie françoise dans les Gaules, par l'abbé Dubos. *Paris, Pierre-François Giffart*, 1742, 2 vol. in-4, v. f.

658. Recueil de l'histoire de France, par le sieur Lamy. *Paris, Jean Jost*, 1648, in-24, vél.

659. Le Thresor des histoires de France, par Gilles Corrozet. *Paris, J. Corrozet*, 1630, in-8, vél.

660. Recueil des Roys de France, leurs couronne et maison, ensemble le rang des grands de France, par Jean du Tillet, plus une chronique abrégée des rois de France et des rois étrangers, par M. J. du Tillet, évesque de Meaux; en outre les mémoires dudit sieur sur les priviléges de l'Eglise gallicane, etc. *Paris, Adr. Perier*, 1607, in-4, v. m., fil. (*Armes de Mme de Verrue.*)

661. Les Recherches de la France d'Estienne Pasquier. *Paris, Laurent Sonnius*, 1607, in-4, vél.

662. Les Recherches des recherches et autres œuvres de Mr Estienne Pasquier, pour la défense de nos Roys, contre les outrages, calomnies et autres impertinences dudit autheur (par F. Garasse). *Paris, Sébastien Chappelet*, 1622, in-8, vél. (*Mouillé.*)

663. Mémoires historiques et critiques sur divers points de l'histoire de France, et plusieurs autres sujets curieux, par Fr. E. de Mezeray. *Amsterdam, Jean Fréd. Bernard*, 1753, 2 tom. en 1 vol. in-12, v. éc.

664. Le vray Childebrand, ou response au traitté injurieux de M. Chifflet, contre le duc Childebrand (par Ch. de Gombault, baron d'Auteuil). *Paris, P. Lamy*, 1659, in-4, v. br.

665. Histoire de S. Loys, IX du nom, roy de France, par messire Jean, sire de Joinville, nouvellement mise en lumière par Cl. Ménard. *Paris, Sébastien Cramoisy*, 1617, in-4, portr., v. br.

666. La Chronique d'Enguerrand de Monstrelet, publiée pour la société de l'histoire de France, par Douët-d'Arcq. *Paris, Renouard*, 1857-61, tomes I à V, gr. in-8, br.

667. Histoire de Charles VII, par Baudot de Juilly. *Paris*, 1697, 2 vol. in-12, v. br.

668. Cronique et histoire composée par Philippe de Commines, seigneur d'Argenton. *Paris, Estienne Groulleau*, 1551, in-16, dem.-rel. bas.

669. Mémoires de messire Philippe de Commines, seigneur d'Argenton, nouvelle édition revue par messieurs Godefroy, augmentée par Lenglet du Fresnoy. *Londres et Paris*, 1747, 4 vol. in-4, port. v. mar.

670. Description d'une tapisserie rare et curieuse faite

à Bruges, représentant le mariage de Charles VIII avec Anne de Bretagne, par le chevalier Alex. Lenoir. *Paris*, 1819, br. in-8.

671. Oratio oratorum Francisci regis Gallorum Principipus Electoribus Francofordiam e confluentia missa. *Augustæ Vindelicor.*, *S. Grimm et Marc. Wirsung.*, 1519, in-4, tit. grav. cart.

672. Historia delle guerre civili di Francia di Henrico Caterino Davila : nella quale si contengono le operationi di quattro rè Francesco II, Carolo IX, Henrico III, et Henrico IV. *In Parigi, nella Stamperia reale*, 1644, 2 vol. in-fol., v. br. (*Aux armes de Du Puy.*)

673. Discours merveilleux de la vie, actions et deportement de la reyne Catherine de Medicis. *Suivant la copie imprimée à La Haïe*, 1663, pet. in-12, vél.

674. La Fortune de la cour, ou Discours sur le bonheur et le malheur des favoris, entre les sieurs de Bussy d'Amboise et de la Neuville, par P. Dampmartin. *Paris*, *N. de Sercy*, 1641, in-8, mar. r. fil. tr. dor. (*Rel. anc.* — *Mouillures.*)

675. Journal des choses memorables advenuës durant tout le regne de Henri III, roi de France et de Pologne, par P. de l'Estoile. *S. l.*, 1621, in-8, portr. v. éc.

Première édition.

676. Chronologie novenaire contenant l'histoire de la guerre sous le regne de Henri IV, depuis 1589 jusqu'en 1598, par Pierre Victor Cayet. *Paris*, *Jean Richer*, 1608, 3 vol. in-8, frontisp., par L. Gaultier, vél. — Chronologie septenaire de l'histoire de la paix..., depuis 1598, jusqu'à la fin de 1604, par le même. *Paris*, *J. Richer*, 1609, in-8, demi-rel. v. f.

677. Satyre Menippée de la vertu du catholicon d'Espagne, et de la tenue des Estats de Paris durant la Ligue en l'an 1593. *Imprimé sur la copie de l'année*, 1593, *s. l.*, in-12, port. et fig. sur bois, cart.

678. Histoire de Henry de la Tour d'Auvergne, duc de Bouillon, où l'on trouve ce qui s'est passé de plus remarquable sous les règnes de François II, Charles IX, Henry III, Henri IV et les premières années du règne de Louis XIII, par Marsollier. *Paris*, *Fr. Barrois*, 1719, 3 vol. in-12, v. br.

679. Mémoire historique et critique sur la vie de Roger de Saint-Lary de Bellegarde, maréchal de France, par M. Secousse. *Paris*, 1764, in-12, dem.-rel. v.

680. Mémoires de Monsieur le duc de Rohan sur les choses qui se sont passées en France depuis la mort de Henry IV jusques au mois de mars 1626. (*Hollande, Elzevier*), 1644, pet. in-12, parch.

681. Mémoires du duc d'Orléans, contenant ce qui s'est passé en France de plus considérable depuis l'an 1608 jusqu'en 1636 (rédigés par Algay de Martignac). *Paris, Claude Barbin*, 1685, in-12, bas.

Première édition.

682. La Chasse aux larrons, ou avant-coureur de l'histoire de la Chambre de justice, par J. Bourgoin. *S. l.*, 1618, in-8, cart.

683. Histoire du ministère du cardinal de Richelieu, par Ch. Vialart. *Leyde, Jean Sambix*, 1652, 2 vol. pet. in-12, front. v. f.

684. Le Monument incomparable du grand cardinal de France, duc de Richelieu. *Paris, Nicolas de Sercy*, 1663,—et autres éloges ou oraisons funèbres de Richelieu et de plusieurs personnages du temps, en 1 vol. in-4, bas.

685. Parallèle du cardinal Ximenès et du cardinal de Richelieu, par l'abbé Richard. *Rotterdam, Jean Malherbe*, 1705, in-12, cart. n. rog.

686. Histoire de la détention du cardinal de Retz et de ses suites, par le Paige et le président de Menières. *Vincennes*, 1755.—Le père Berruyer, jésuite, convaincu d'arianisme, de pélagianisme, de nestorianisme, etc., par le P. Maille. *La Haye, Néaulme*, 1755, en 1 vol. in-12, bas.

687. La Vérité défendue des sophismes de la France, et responsc à l'auteur des Prétentions du Roy très-chrestien sur les Estats du Roy catholique, trad. de l'italien. *S. l.* (*Holl., Elzevier*), *à la Sphère*, 1668, 2 part. en 1 vol. pet. in-12, vél.

688. La Cour de France turbanisée, et les Trahisons démasquées. *Cologne, Pierre Marteau*, 1686, pet. in-12, dem.-rel., v. ant.

689. Etats, au vrai, de toutes les sommes employées par Louis XIV : 1° aux créations de Versailles, etc. ; 2° aux augmentations du Louvre, des Tuileries, etc., par M. Eckard. *Versailles et Paris,* 1836, br. in-8. — A M. Jules Taschereau, directeur de la *Revue rétrospective,* au sujet des dépenses de Louis XIV, à Versailles, par le même. *Versailles,* 1836, br. in-8. — Dépenses effectives de Louis XIV..., par le même. *Versailles,* 1838, br. in-8.

690. Histoire militaire du duc de Luxembourg, par le chevalier de Baurain. *La Haye, Benj. Gibert,* 1756-1758, 2 vol. in-4, cartes. — Mémoires pour servir à l'histoire du maréchal, duc de Luxembourg. *La Haye, B. Gibert,* 1758, in-4, ensemble 3 vol. rel. en bas.

691. L'Esprit de Luxembourg. *Cologne, Pierre Marteau,* 1694, in-12, v. m.

692. Prévarications du Père de la C... (de la Chaise), confesseur du Roy, au préjudice des droits et des intérêts de Sa Majesté. *S. l. n. d.,* pet. in-12, v. br.

693. Nouveaux entretiens de Marphorio et de Pasquin, sur la nouvelle paix de l'Angleterre avec la France, traduit de l'italien. *Cologne, Pierre Marteau,* 1713, pet. in-8, br. non rog.

694. Mémoires de M. le duc de Choiseul, écrits par lui-même, et imprimés sous ses yeux à Chanteloup, en 1778. *Paris,* 1790, 2 vol. in-12, br. non rog.

Mélanges de l'histoire de France.

695. Histoire généalogique et chronologique de la maison royale de France, des grands officiers de la couronne et de la maison du roy, par le P. Anselme; 2e édition (augmentée par Du Fourny). *Paris,* 1712, 2 vol. in-fol., v. br.

696. Histoire de la vie, faicts héroïques et voyages de... Louis III, duc de Bourbon, arrière petit-fils de Robert, comte de Clermont, baron de Bourbon, fils de sainct Louis, par Jean d'Oronville, surnommé Cabaret. *Paris, Fr. Huby,* 1612, in-8, bas.

697. Traité de l'origine du gouvernement françois, par Garnier. *Paris,* 1765, in-12, v. m. — De l'Education civile, par le même. *Paris,* 1765, in-12, v. m. fil.

698. Traitez touchant les droits du roy sur plusieurs Estats et seigneuries possédés par divers princes voisins, par Dupuy. *Paris, Courbé,* 1655, in-fol., v. fil.

699. Opuscules par contre-opinion de Clément Vaillant, de Beauvais : que par l'élévation du vassal à la dignité royale les fiefs qu'il avoit auparavant ne sont unis au domaine public, etc. *Paris, Jean Houzé,* 1598, in-8, bas. (*Mouillé.*)

700. Mémoire des princes du sang, pour répondre au mémoire instructif des princes légitimez, du 15 novembre 1716, et à celui du 9 décembre suivant. *La Haye, Ch. Le Vier,* 1717. — Réflexions politiques et historiques sur l'affaire des princes, avec la requête des pairs de France, la requête des princes légitimez, et une réponse à cette dernière requête. *La Haye, Ch. Le Vier,* 1717. — Mémoire de M. le duc du Maine. *S. l.,* 1716, le tout en 1 vol. in-4, bas.

701. L'Histoire ecclésiastique de la cour, ou les Antiquitez et recherches de la chapelle du roy de France, depuis Clovis jusques à nostre temps, par Guil. Du Peyrat. *Paris, Henri Sara,* 1645, in-fol., rel. en bois.

702. Le grand Aulmosnier de France, par maistre Sébastian Roulliard, de Melun. *Paris, Dav. Douceur,* 1607, in-8, bas.

703. Histoire de la milice françoise et des changements qui s'y sont faits depuis l'établissement de la monarchie dans les Gaules, jusqu'à la fin du règne de Louis le Grand, par le R. P. Daniel. *Paris, J.-B. Coignard,* 1721, 2 vol. in-4, fig., v. br.

704. Les Batailles mémorables des François, depuis le commencement de la monarchie jusqu'à présent, par le P. Girard, *Paris, veuve Mabre-Cramoisy,* 1695, 2 vol. in-12, frontisp., v. f. tr. dor. (*Sans les figures.*)

Histoire des anciennes villes et provinces de France.

705. Le Théâtre des antiquitez de Paris, divisé en quatre livres, par le R. P. F. Jacques Du Breul, Parisien, augmenté d'un supplément en cette édition. *Paris, par la société des imprimeurs,* 1639, in-4, plan de Paris (*en* 1807) ajouté, v. br.

Avec le supplément latin imprimé en 1614.

706. Histoire de la ville de Paris, par Dom Mich. Félibien, revue et mise au jour, par Dom Lobineau. *Paris*, 1727, 5 vol. in-fol., grav. et plans, v. m.

707. Histoire physique, civile et morale des environs de Paris, depuis les premiers temps historiques jusqu'à nos jours, par J. A. Dulaure. *Paris, Guillaume*, 1825-1828, 7 vol. in-8, fig. et cartes, v. ant., fil. dent. à froid. (*Manque le titre du tome* VI.)

708. Souvenirs historiques des résidences royales, par J. Vatout. Palais de Versailles. *Paris, F. Didot*, 1837, in-8, dem.-rel. mar. v. tr. dor. (*Au chiffre de Louis-Philippe.*)

709. Procès-verbal des séances de l'assemblée provinciale de l'Orléanois, tenue à Orléans aux mois de septembre, de novembre et de décembre, 1787. *Orléans, Couret de Villeneuve*, 1787, in-4, vél. v.

710. Essais historiques sur Orléans, ou Description topographique et critique de cette capitale et de ses environs (par D. de Polluche et Beauvais de Préau). *Orléans, Couret de Villeneuve*, 1778, in-8, plan et fig., v. éc. fil.

711. Recueil. Eloge de la Sologne. *Orléans, Guyot* (1826). — Essai sur l'origine de Toulon, ou mémoire pour servir à l'histoire des premiers siècles de cette ville, par H. V. *Toulon*, 1827. — Relation d'un voyage fait en Europe et dans l'océan Atlantique, à la fin du xve siècle, sous le règne de Charles VIII, par Martyr, évêque d'Arzendjan, trad. de l'arménien et accompagné du texte original, par J. Saint-Martin. *Paris*, 1827.— Pytheas de Marseille, et la géographie de son temps, par Joachim Lelewel. *Bruxelles, P.-J. Voglet*, 1836, avec 3 cartes, — en 1 vol. in-8, dem.-rel.

712. Notice sur le château de Chambord, par L. de La Saussaye. *Chambord*, 1835, br. in-8. — Notice sur le château de Chambord, par C. F. Vergnaud-Romagnési. *Paris, Roret*, 1832, br. in-8, avec une pl. lith. — Notice historique et descriptive du château de Chambord et de ses dépendances, par M. Gilbert. *Paris, B. Mondor*, 1821, br. in-8.

713. Biographie des Malouins célèbres, nés depuis le

xve siècle jusqu'à nos jours, par Manet. *Saint-Malo*, 1824, in-8, br.

714. Histoire ecclésiastique et civile de Bretagne, par D. Morice et D. Taillandier. *Paris*, 1750-56, 2 vol. in-fol., fig. et cartes, v. m. (*Aux armes.*)

715. Notices chronologiques, sur les théologiens, jurisconsultes, philosophes, artistes, littérateurs, poëtes, bardes, troubadours et historiens de la Bretagne, depuis le commencement de l'ère chrétienne, par Miorcec de Kerdanet. *Brest*, 1818, in-8, dem.-rel., v. n. rog.

716. Histoire d'Hélène Gillet, ou relation d'un événement extraordinaire et tragique, survenu à Dijon dans le XVIIe siècle (par Gab. Peignot). *Dijon*, 1829, in-8, pap. vél., br.

Avec envoi d'auteur.

717. Lyon tel qu'il était, et tel qu'il est, ou tableau historique de sa splendeur passée, suivi de l'histoire pittoresque de ses malheurs et de ses ruines, par A. G*** (A. Guillon). *Paris, Desenne*, 1797. — Paris tel qu'il a été, tel qu'il est, et tel qu'il sera dans dix ans, par Ch. Lambert, de Belan. *Paris, Debray*, 1808, in-12, cart.

718. Histoire littéraire de la ville de Lyon, avec une bibliothèque des auteurs lyonnois, sacrés et profanes, distribués par siècles, par le P. de Colonia. *Lyon, Fr. Rigollet*, 1728-1730, 2 vol. in-4, fig., v. br.

719. Les Annales d'Aquitaine, faicts et gestes en sommaire des roys de France et d'Angleterre, par Jean Bouchet. *Poictiers, A. Mounin*, 1644. — De l'Université de Poictiers, par Me Jean Filleau. *Poictiers, A. Mounin*, 1643. — La preuve historique des litanies de saincte Radegonde, par Me Jean Filleau. *Poictiers, Abr. Mounin*, 1643, in-fol., frontisp., v. br.

720. Histoire des rois et des ducs d'Aquitaine et des comtes de Poitou, contenant l'histoire de l'Aquitaine en général, depuis 778 à 1137, par A.-D. de la Fontenelle de Vaudoré, et J.-P.-M. Dufour. *Paris, Derache*, 1842, in-8, br. (tome 1er).

721. Notice sur la cathédrale d'Angoulême, par J.-F. Eusèbe Castaigne. *Angoulême*, 1834, br. in-8, planches, cart.

Avec envoi d'auteur à M. Gab. Peignot.

722. Cartulaire de Sauxillanges, publié par l'Académie des sciences, belles-lettres et arts de Clermont-Ferrand, avec des notes et des tables, par Henry Doniol, membre de l'Académie. *Paris, Clermont-Ferrand, F. Thibaud,* 1864, in-4, pap. de Holl., br.

723. Priviléges de Montferrand, 1291-1496, publiés par G. Desbouis, archiviste. *Clermont-Ferrand, Perol,* 1847, br. in-8, pap. de Holl., br.

724. Discours de Ch.-J.-Fr. Raulhac, sur les hommes célèbres de l'arrondissement d'Aurillac. *Aurillac,* 1820, in-8, dos de toile, non rog.

Histoire des Pays-Bas, d'Italie, d'Espagne.

725. Avis à messieurs des Etats des provinces unies. *Basle, Pierre du Maillet,* 1673, pet. in-12, demi-rel., dos et coins de mar. r.

726. L'Espion Belgique, ou histoire impartiale de tout ce qui s'est passé d'intéressant dans la révolution des Pays-Bas, de même que des intrigues les plus secrètes qui y ont donné lieu. *Londres,* 1791, in-12, br.

727. Catéchisme royal. *S. l.,* 1647. — Apologie ou défense de Guillaume, prince d'Orange..., contre le ban et edict publié par le roy d'Espagne (par Hubert Languet). *A Delft,* 1581, in-8, bas. (*Mouillé.*)

728. Oppositioni, e difesa alla congiura del conte Gio. Luigi de' Fieschi, descritta da Agostino Mascardi. *In Venetia,* 1630, in-8, cart.

729. Spiegazione e riflessioni del P. Giuseppe Allegranzo, sopra alcuni sacri monumenti antichi di Milano. *In Milano, per Benj. Sirtori,* 1757, in-4, pl., demi-rel., bas.

730. Memorie istoriche della Valtellina, in libri dieci descritte e dedicate alla medesima Valle da Pietro-Angelo Lavizari. *Coira, dalla stamperia di Andrea Pfeffer,* 1716, in-4, cart.

731. Istoria di M. Poggio Fiorentino, tradotta di latino in volgare da Jacopo suo figliuolo; riveduta e coretta per M. Francesco Serdonati. *In Fiorenza, per Filippo Giunti,* 1598. — Historia antica di Ricordano Malespini. *In Fiorenza, Giunti,* 1568. — Diario de' successi

piu importanti seguiti in Italia, et particolamente in Fiorenza dall' anno 1498 in fino all'anno 1512, raccolto da Biagio Buonacorsi. — Con la vita di Lorenzo de' Medici il Vecchio, scritta da Nicolo Valori. *In Fiorenza, appresso i Giunti,* 1568. — Le tout en 1 vol. in-4, v. f.

732. Storia fiorentina di Ricordano Malispini, col seguito di Giacotto Malispini dalla edificatione di Firenze, sino all' anno 1286. Ridotta a miglior lezione e con annotazioni illustrata da Vincenzio Follini. *Firenze, presso Gaspero Ricci,* 1816, in-4, demi-rel., v. ant., dos orné.

733. Memoria di Matilda la gran contessa, raccolte da Francesco-Maria Fiorentini. *In Lucca, appresso Peregrino Bidelli,* 1642, pet. in-4, réglé, frontisp., bas.

734. Capitoli, ordini, e privilegii fatti, stabiliti dal ser. Cosimo de Medici, gran duca di Toscana, alle militie e bande di terra e di mare, a piedi e a cavallo. *In Siena, appresso Luca Bonetti,* 1588, pet. in-4, cart.

735. Discorso sopra la mascherata della geneologia degl'Iddei de' Gentili, il giorno 21 di febbraio 1565. *In Firenze, appresso i Giunti,* 1565, in-4, vél.

736. Regolamento dei regi Spedali di Santa-Maria nuova e di Bonifazio. *Firenze, Gaetano Cambiagi,* 1789, in-4, frontisp. et fig., cart. non rog.

737. Bologna perlustrata, in cui si fà mentione ogni giorno in perpetuo delle fontioni sacre e profane di tutti l'anno, delle chiese... de' santi... de' pittori, scultori, architetti... delle donne illustre littere... delle origine de' monasterii, collegi, academie, tribunali, etc., d'Antonio di Paolo Masini. *In Bologna,* 1666. — Aggiunta alla Bologna perlustrata, di A. P. Masini. *Bologna,* 1690, ensemble 3 vol. in-4, frontisp.

738. Ethruscarum antiquitatum fragmenta, quibus urbis Romae, aliarumque gentium primordia, mores et res gestae indicantur a Curtio Inghiramio reperta Scornelli prope Vulterram. *Francofurti,* 1637, in-fol., fig., vél.

739. Roma descritta ed illustrata dall' abbate Giuseppe Antonio Guattani. *In Roma, nella stamperia Pagliarini,* 1805, 2 parties en 1 vol. in-4, frontisp. et fig., vél.

740. Les Merveilles de la ville de Rome, où est traité des églises, stations, et reliques des corps saints qui y sont. *Rome, Fr. Tizzoni,* 1686, in-8, fig. sur bois, vél.

741. Histoire de Nicolas Rienzy, chevalier, tribun et sénateur de Rome, par de Boispréaux. *Paris, David l'aîné,* 1743, in-12, v. m.

742. De' Bonificamenti delle terre Pontine, libri IV. Opera storica, critica, legale, economica, idrostatica, compilata da Nicolo Maria Nicolai. *In Roma, nella stamperia Paglianiri,* 1700, in-fol., fig. vél., bl.

743. Memorie istoriche della pontificia città di Benevento dal secolo VIII al secolo XVIII, raccolte da Stefano Borgia. *In Roma, dalle stampe del Salomoni,* 1763-1769 (parte prima, secunda e terza, vol. I), 3 vol. in-4, fig., vél.

744. Histoire du royaume de Majorque, avec ses annexes, par J. d'Hermilly. *Maestricht,* 1777, in-4, demi-rel. mar. bl.

745. Histoire de la conjuration de Portugal par Vertot. *Paris, E. Martin,* 1689, in-12, frontisp., bas.

Edition originale.

Histoire de la Grande-Bretagne.

746. The Chronicles of England, Scotlande, and Irelande; faithfully gathered and set forth, by Raphaell Holinshed. *London, George Bishop,* 1577, 3 part. en 1 vol. pet. in-fol. goth., fig., dem.-rel., dos et coins de cuir de Russie.

Edition originale, très-rare. L'exemplaire, dont les marges sont très-rognées, est incomplet de plusieurs feuillets.

747. The Chronicle of England; by Joseph Strutt. *London, Joseph Cooper,* 1777, in-4, fig. et carte, v. gr.

748. Les Conspirations d'Angleterre, ou l'histoire des troubles suscités dans ce royaume, depuis 1600 jusqu'à 1679 inclusivement. *Cologne, Jean Le Blanc* (Holl.), 1680, pet. in-12, vél.

749. Defensio regia, pro Carolo I (auctore Cl. Salmasio). *S. l., sumptibus regis (Holl., Elzév.),* 1650, pet. in-12, vél.

750. ΕΙΚΟΝΟΚΛΆΣΤΗΣ, ou réponse au livre intitulé ΕΙΚΏΝ ΒΑΣΙΛΙΚΉ, ou le pourtrait de la Sacrée Majesté durant sa solitude et ses souffrances, par le sieur Jean Milton, traduite de l'anglois. *Londres, Guill. Du Gard,* 1652, pet. in-8, vél.

751. Histoire des révolutions d'Angleterre, sous le règne de Jacques II, jusqu'au couronnement de Guillaume III, *Amsterdam, Henri Desbordes*, 1689, pet. in-12, vél.

752. Histoire secrette de la reine Zarah, ou la duchesse de Malborough, démasquée, traduite de l'anglois (du docteur Sacheverell). *Oxford*, 1711. — Essai sur la connoissance des théâtres françois (par Duclairon). *Paris*, 1751. — Conte phrygien, Ane de Sylene, 1758. — Le Mari émancipé, comédie. — En 1 vol. in-12, v. m.

753. Histoire secrette de la duchesse d'Hanover, épouse de Georges Ier, roi de la Grande-Bretagne. *Londres*, 1732, in-12, cart.

754. L'Apocalypse britannique, ou la Révélation d'un bon Breton qui n'était ni pour ni contre l'opposition, qui aimait sa nation, et réfléchissait sur son humiliation. *Londres*, 1782, in-8, br.

755. Historia et antiquitates universitatis Oxoniensis; duobus voluminibus comprehensæ (Antonius a Wood auctore). *Oxoniæ, e theatro Sheldoniano*, 1674; 2 part. en 1 vol. in fol., frontisp. et plan, v. br. (*Taché d'humidité et raccommodage au titre.*)

756. Rerum scoticarum historia, auctore Georgio Buchanano. *Amsterodami, apud Ludov. Elzevirium*, 1643, in-8, vél.

757. Dublin delineated in twenty-six views of the principal public buildings. *Dublin*, 1837, in-8, illustré, cart. en toile.

Histoire de l'Empire ottoman, de l'Asie, etc.

758. Mémoires historiques et géographiques du royaume de la Morée, Négrepont, et des places maritimes, jusques à Thessalonique, par P. M. Coronelli, traduit de l'italien. *Amsterdam, Wolfgang*, 1686, in-12, fig., cartes et plans, dem.-rel., v. gr.

759. P. Gyllii de Bosporo Thracio libri III. *Lugduni Batav., apud Elzevirios*, anno 1632, pet. in-12, titre grav., br. n. rog.

760. Des Histoires orientales, par Guillaume Postel. *Paris, Hierosme de Marnef*, 1575, in-16, n. rel.

761 Histoire générale des Turcs, traduite par Blaise de Vigénère avec les illustrations du même. *Paris, Aug. Courbé*, 1662, 2 vol. in-fol., fig., v. br.

762. Histoire de l'état présent de l'Empire Ottoman, traduite de l'anglois de Ricaut, par Briot. *Amsterdam, Wolfgang*, 1671, pet. in-12, front. et fig. vél.

763. Les Turcs dans la balance politique de l'Europe au XVIIIe siècle, par J.-M. Bretón... avec une nouvelle traduction des Lettres de lady Montague sur la Turquie, par Mme Dufrénoy. *Paris*, 1822, in-8, demi-rel., dos et coins de v. f.

764. Histoire des grands vizirs Mahomet Coprogli Pacha et Achmet Coprogli Pacha, par Chassipol. *Paris, Estienne Michallet*, 1676, in-12, mar. r. fil. tr. dor. (*Rel. anc.*)

765. Histoire des Druses, peuple du Liban, avec des notes politiques et géographiques, par M. Puget de S. Pierre. *Paris, Cailleau*, 1763, in-12, carte et fig., v. m.

766. Histoire apologétique d'Abbas, roy de Perse, traduicte de l'italien de messire Pierre de la Valee, par J. Baudoin. *Paris, Toussainct du Bray*, 1631, in-8, vél. (***Piqûres de vers.***)

Exemplaire d'Emeric Bigot, avec quelques notes de sa main.

767. Dissertation sur les mœurs, les usages, le langage, la religion et la philosophie des Hindous, traduite de l'anglois (d'Alex. Dow, par Bergier). *Paris, Pissot*, 1769, in-12, v. m.

768. Histoire du nouveau monde, ou description des Indes occidentales contenant dix-huit livres, par Jean de Laet. *Leyde, Bonav. et Abrah. Elzeviers*, 1640, in-fol., fig. et cartes, v. br.

ARCHÉOLOGIE.

769. De la Gloire et magnificence des anciens, enrichie de belles antiquitez recueillies de plusieurs bons autheurs et graves historiens, par Claude Malingre, Senonois. *Paris, Jean Laquehay*, 1612, in-8, vél.

770. Aperçu sur les hiéroglyphes d'Egypte, et les progrès faits jusqu'à présent dans leur déchiffrement, par M. Brown, traduit de l'anglois. *Paris, Ponthieu*, 1827, br. in-8, dem.-rel.

771. Dissertation sur les périodes égyptiennes et sur une période indienne, par G.-M. Villette de Châteauneuf. *Paris, Dentu*, an XII (1804). — Dissertation sur deux zodiaques nouvellement découverts en Egypte, par M. Testa, traduite de l'italien, par C. E. S. G. *Paris, Ad. Le Clerc*, 1807.—Examen d'une opinion nouvelle sur le Zodiaque circulaire de Dendera, par M. Jomard. *Paris*, 1822, avec une planche. — Lettres sur la littérature Mandchou, traduites du russe de M. Afanasii Larionowitch Leontiew. *Paris, Fain*, 1815. — Mémoire sur les livres chinois de la bibliothèque du roi et sur le plan du nouveau catalogue, par Abel Rémusat. *Paris, Le Normant*, 1818. — Nouveaux aperçus sur l'histoire de l'écriture chez les arabes du Hedjaz, par M. le baron S. de Sacy. *Paris*, 1827. — Et trois autres pièces, en 1 vol. in-8, dem.-rel.

772. Examen critique des travaux de feu M. Champollion, sur les hiéroglyphes, par M. J. Klaproth. *Paris, Dondey-Dupré*, 1832, in-8, 3 pl., br.

773. Traité des festins, par Muret. *Paris, Guill. Desprez*, 1682, in-12, v. br. — Cérémonies funèbres de toutes les nations, par Muret. *Paris, M. le Petit*, 1675, in-12, v. br.

774. Dissertation sur l'usage de boire à la glace, par M. D. D....... *Paris*, 1762, in-12, v. marbré.

775. Dissertazione sull'orologio e sull'ore degli antichi Romani di Luigi Martorelli. *Roma, presso Francesco Bourlié*, 1812. — Dissertazione sugli odori usati da gli antichi Romani di Luigi Martorelli. *Roma*, 1812, in-8, bas., fil.

775 *bis*. F. Cornelii Curti Augustiniani de claris dominicis liber. *Antuerpiæ, sumptibus Andreæ Frisii*, 1670, front. et fig. — Thomæ Bartholini de cruce Christi hypomnemata IV. *Amstelodami, sumpt. And. Frisii*, 1670, fig., in-12, vél.

776. Francisci Ficoronii dissertatio de larvis scenicis et figuris comicis antiquorum Romanorum; ex italica in latinam linguam versa. *Romæ, sumptibus Venantii Monaldini*, 1754, in-4, 85 pl., dem.-rel., mar. v.

777. Histoire du commerce et de la navigation des Anciens, par M. Huet. *Paris, Ant. Urbain Coustelier*, 1727, in-8, v. br.

778. Stephani Doleti de re navali liber ad Lazarum Bayfium. *Lugduni, apud Seb. Cryphium*, 1537, in-4, cart. (*Dernier feuillet raccommodé.*)

779. Dissertation sur un tombeau antique, par M. C. A. Chaudruc. *S. l.*, 1808, br. in-8.—Notice sur les figures velues employées au moyen âge dans la décoration des édifices, des meubles et des ustensiles, par Adr. de Longpérier (*extrait de la Revue archéologique de* 1845), fig. sur bois, br. in-8. — Antiquités romaines. Première étude sur les découvertes de Champlieu, par Edmond Caillette de L'Hervillier (*extrait de la Revue archéologique*). *Paris, A. Leleux*, 1851, br. in-8.

780. Choix des pierres gravées du cabinet des antiques (de Vienne), représentées en 40 planches décrites et expliquées par l'abbé Eckhel. *Vienne*, 1787, pet. in-fol., pap. vél., dem.-rel., bas.

781. Prima parte (et secunda) del prontuario de le medaglie de piu illustri, et fulgenti uomini et donne, dal principio del mondo insino al presente tempo. *In Lione, appresso Guglielmo Rovillio*, 1553, in-4, fig. sur bois, bas.

782. Le Imagini delle donne auguste, intagliate in istampa di rame; con le vite et ispositioni di Enea Vico, sopra i reversi delle loro medaglie antiche. *In Vinegia, appresso Enea Vico*, 1557, in-4, fig., vél.

783. Etudes historiques et critiques sur les médecins numismatistes, contenant leur biographie et l'analyse de leurs écrits, par le docteur Léop. Jos. Renauldin. *Paris, J. B. Baillière*, 1851, in-8, br.

BIOGRAPHIE.

784. Dictionnaire historique et critique par P. Bayle. *Amsterdam*, 1730, 4 vol. in-fol., v. br.

785. Illustrium Virorum ut exstant in urbe expressi vultus. *Romæ, formis Ant. Lafrery*, 1569, in-fol., 52 fig., vél.

786. Vitæ theologorum, jure consultorum, politicorum, medicorum atque philosophorum maximam partem Germanorum, nonnullam quoque exterorum authore Melch. Adamo. *Francofurti ad Mœnum, apud Joh. Maxim. a Sande*, 1705, in-fol., v. gr.

Les vies des Réformateurs occupent la plus grande partie de l'ouvrage.

787. Jo. Klefkeri Bibliotheca eruditorum præcocium, sive ad scripta hujus argumenti spicilegium et accessiones. *Hamburgi*, 1717, pet. in-8, cart. n. rog.

Avec plusieurs notes manuscrites ajoutées sur des jeunes savants célèbres non indiqués dans ce livre.

788. Lettre à M. Aimé Martin, sur Pétrarque et Adrien le Chartreux, le maréchal Lannes et Jacques Laffitte, Fourier le géomètre, et Desgenettes le médecin, et deux parisiennes : Clémentine et Sirène, par F. Grille. *Angers, Cosnier*, 1846, br. in-8.

789. Mémoires concernant les vies et les ouvrages de plusieurs modernes célèbres, par Ancillon. *Amsterdam, les Wetsteins*, 1709, in-12, portr., dem.-rel., vélin. (*Quelques taches d'humidité.*)

790. Siècle littéraire de Louis XV ou lettres sur les hommes célèbres, par Daquin de Château-Lyon. *Amsterdam et Paris, Duchesne*, 1753, 2 tomes en 1 vol. in-12, v. m.

791. Mémoires pour servir à l'histoire de la vie et des ouvrages de Fontenelle, par l'abbé Trublet. *Amsterdam, Marc-Michel Rey*, 1759, in-12, bas.

792. Eloge historique de M. Pothier, conseiller au présidial d'Orléans, 1772, par M. Le Trosne. *Paris, Debure*, 1773, in-12, vél. v.

793. Supplément au Roman comique, ou mémoires pour servir à la vie de Jean Monnet, ci-devant directeur de l'Opéra-comique, de l'Opéra de Lyon, etc. *Londres*, 1772, 2 tomes en 1 vol. in-12, portr. d'après Cochin, par Saint-Aubin, v. m.

794. Memorie storiche per servire alla vita di piu uomini illustri della Toscana, raccolte da una societa di letterati. *Livorno*, 1757, 2 vol. in-4, portr.

795. Istoria degli scrittori fiorentini, opera postuma del P. Giulio Negri. *In Ferrara, per Bernardino Pomatelli*, 1722, in-fol., cart.

796. La Vie de Pierre Aretin, par de Boispreaux. *La Haye, Jean Néaulme*, 1750, pet. in-12, port. cart.

797. Le Danger de la satire, ou la vie de Nicolo-Franco, poëte satirique italien. *Paris, De Bure*, 1778, in-12, br.

798. Essai historique sur le docteur Swift, et sur son influence dans le gouvernement de la Grande-Bretagne, depuis 1710 jusqu'en 1714 (par Crawfurt). *Paris*, 1808, in-4, gr. pap. vél., portr., cart. non rog.

BIBLIOGRAPHIE.

799. Memoria ed orazione del P. Paolo Mª Paciaudi, intorno la biblioteca parmense. *Parma, tipi Bodoniani*, 1815, pet. in-4, pap. vél., cart. non rog.

800. Histoire de l'origine et des premiers progrès de l'imprimerie, par Pr. Marchand. *La Haye*, 1740, in-4, v. br.

801. Catalogus bibliothecæ publicæ universitat. Francofurtanæ, edente Joh.-Christoph. Becmano. *Francofurti, impensis Jeremiæ Schrey*, 1706, in-fol., demi-rel., bas. non rog.

802. Catalogue des livres imprimés et manuscrits de la bibliothèque de la ville de Clermont-Ferrand (par M. Gonod). *Clermont-Ferrand*, 1839, gr. in-8, br.

803. Notice sur un manuscrit autographe de Saint-André Avelino, par P.-Jul. Fontaine. *Paris*, 1833, br., in-8, cart. — Des Collections d'autographes, et de l'utilité qu'on en peut retirer, par le même. *Paris*, 1834, br., in-8, cart.

804. Collection de douze Catalogues de livres, publiés par de Bure aîné (Mme Basan, 1789; — Lamesle, 1792; — duc de Lavauguyon, 1792; — de La Borde, 1792; — comte d'Escarts, 1793; — Lalemand, 1794; — de Nerville, 1796. etc.), avec prix et notes, en 1 vol. in-8, v.

805. Recueil de treize Notices de livres publ. par G. de Bure (Bollioud, 1789; — l'abbé Gabon, 1790; — J.-S. Bailly, 1793; — Walkiers, 1794; — Chardin, 1793), en 1 vol. in-8, v. (*Prix*.)

806. Catalogue of the splendid, curious, end extensive library of sir Marck Masterman Sykes. *London*, 1824, 2 part. en 1 vol. in-8, demi-rel., v. n. r. (*Prix.*)

807. Catalogo di alcune opere attinenti alle scienze, alle arti e ad altri bisogni dell' uomo, le quali quantunque non citate nel vocabolario della Crusca. *Milano, tipogr. Mussi*, 1812, in-8, pap. vél., cart. n. r.

808. Les Auteurs déguisés de la littérature française au XIXe siècle, essai bibliographique pour servir de supplément aux recherches d'A. Barbier, sur les ouvrages pseudonymes, par J.-M. Quérard. *Paris*, 1845, br. gr. in-8.

809. Indices trium manuscriptorum pleraque C. Lebeau latini opera continentium. Auctoris autographus. — Eloge de Ch. Lebeau. — Manuscrit des ouvrages de Lebeau, in-4, br.

Manuscrit de M. Adry.

810. Summa librorum, quos in omnibus scientiis, ac nobilioribus artibus, variis linguis conscriptos... etc. ... in lucem emittet Academia veneta. *In Academia veneta* (*Aldo*), 1559, in-4, parch.

811. Mercure de France, août et juillet 1778, 2 vol. in-12, mar. r., tr. dor., fil. (*Aux Armes de France.*)

812. Table, ou Abrégé des cent trente-cinq volumes de la Gazette de France, depuis son commencement, en 1631, jusqu'à la fin de l'année 1765 (par Ed.-J. Genet). *Paris*, 1766, 3 tom. en 1 vol. in-4, vél. vert.

Rare. Le titre du tome III manque.

FIN.

www.ingramcontent.com/pod-product-compliance
Ingram Content Group UK Ltd.
Pitfield, Milton Keynes, MK11 3LW, UK
UKHW020342180726
13839UKWH00002B/867